Tori,
sigue explorando mundo,
creciendo y aprendiendo.
Pero no pierdas tú esencia,
es lo que te hará libre.

MAMEN

21/02/2022

THE WALLMAPU

PEDRO CAYUQUEO

THE WALLMAPU

Catalonia

CAYUQUEO, PEDRO

The Wallmapu /Pedro Cayuqueo

Santiago de Chile: Catalonia, 2021
224 p. 15 x 23 cm

ISBN: 978-956-324-854-8

GRUPOS RACIALES, ÉTNICOS, NACIONALES
305.8

Diseño e imagen de portada: Guido "Kid" Salinas, artista gráfico. www.guardianesdelsur.cl
Corrección de textos: Hugo Rojas Miño
Dirección editorial: Arturo Infante Reñasco

Composición: Salgó Ltda.
Impresión: Salesianos Impresores S.A.

Editorial Catalonia apoya la protección del derecho de autor y el copyright, ya que estimulan la creación y la diversidad en el ámbito de las ideas y el conocimiento, y son una manifestación de la libertad de expresión. Gracias por comprar una edición autorizada de este libro y por respetar el derecho de autor y copyright, al no reproducir, escanear ni distribuir ninguna parte de esta obra por ningún medio sin permiso. Al hacerlo ayuda a los autores y permite que se continúen publicando los libros de su interés. Todos los derechos reservados para esta publicación que no puede ser reproducida, en todo o en parte, ni registrada o transmitida por sistema alguno de recuperación de información. Si necesita hacerlo, tome contacto con Editorial Catalonia o con SADEL (Sociedad de Derechos de las Letras de Chile, http://www.sadel.cl)

Primera edición: mayo de 2021
ISBN: 978-956-324-854-8
RPI: código de solicitud 8pb8q3 (8/4/2021).

© Pedro Cayuqueo, 2021
© Catalonia Ltda., 2021
Santa Isabel 1235, Providencia
Santiago de Chile
www.catalonia.cl - @catalonialibros

*En memoria del lonko Lorenzo Cejas Pincén (1938-2021),
autoridad del territorio rankülche en Puelmapu.*

White man came
Saw the blessed land
We cared, you took
You fought, we lost
Not the war but an unfair fight
Sceneries painted beautiful in blood.

Wandering on Horizon Road
Following the trail of tears
Once we were here
Where we have lived since the world began
Since time itself gave us this land

NIGHTWISH, Creek Mary's Blood

ÍNDICE

Prólogo	15
El retorno del malón	19
The Wall Mapu	30
Un mapuche de selección	34
El día de la marmota	39
Making a murderer	42
Memorias	44
Un mapuche resiliente	46
Un antes, un después	51
El caso Catrillanca	54
Los políticos	56
La otra historia secreta	58
Incendios en Wallmapu	61
El comunero Ubilla	64
Un símbolo nacional mapuche	66
La manta de San Martín	73
Ineptos interculturales	76
Polvo de estrellas	78
El canto de Pichimalen	81
La Torre de Babel	86
Un hombre de otro siglo	89
El horno no está para bollos	91
Catrillanca 2	93
El gran rescate	95
Estamos (otra vez) solos	97

Varas y la autonomía mapuche	99
Un mapuche verde olivo	102
Los once del Fuerte Lumaco	108
Greta, una líder global	110
Chile despertó	112
Una ruca donde quepamos todos y todas	114
Un buen chiste	117
Temuco y su historia	119
El Pacto de Quilín	134
Testigo de una época	136
Huenchullán versus el Estado	146
Tocqueville en tierras indias	148
El mundo perdido	152
Winka kutran	154
Adiós a un contador de historias	157
El noble pewén de las tierras altas	159
Teodoro Schmidt I	161
Teodoro Schmidt II	163
Teodoro Schmidt III	164
Teodoro Schmidt IV	165
Teodoro Schmidt V	166
Pedestales y prontuarios	168
Recordar el cómo y el porqué	170
La ley del más fuerte	173
¿Qué debe hacer Víctor Pérez?	175
El modelo neozelandés	177
Volver a los parlamentos	180
El gran territorio del sur	182
Hacia una nueva Constitución	184
El triunfo del Apruebo	187

Rosendo Huenumán (1935-2020)	189
Justicia con guante blanco	192
Escaños y reparación histórica	195
¿Quién es indígena en Chile?	197
De guerreros a delincuentes	199
La voz libre	201
Repartir poder	204
Estado de sitio en Wallmapu	206
Mi respuesta a Pablo Ortúzar	208
Koz Koz, una tierra con historia	211
Caminar hacia un proceso de paz	214
Gracias totales	216
Glosario	219

Prólogo

A lo largo de su carrera, Pedro Cayuqueo ha intentado responder a una pregunta fundamental: ¿en qué momento surgió el conflicto entre el pueblo mapuche y el Estado chileno? La búsqueda de una respuesta lo llevó a incorporarse desde muy joven al movimiento autonomista como militante, luego creador de medios de difusión de ideas con los periódicos Azkintuwe y MapucheTimes, y más tarde programas de televisión como Kulmapu.

En los últimos años, la escritura ha sido su pasión y lugar de trabajo, develando historias sobre nuestra nación mapuche que han sido silenciadas por el sistema educativo.

Su trabajo le ha brindado como periodista un merecido reconocimiento nacional e internacional, convirtiéndose en uno de los exponentes, si no tal vez el único de su generación, que ha sido reconocido como tal. Son varias las razones, pero me inclino a sostener que es resultado, en primer lugar, de la dedicación por su trabajo, presente en cada uno de los textos que componen *The Wallmapu*, su noveno libro.

En otra variable complementaria diría que Cayuqueo, a diferencia de otras escrituras de nuestro pueblo, se caracteriza, principalmente, por "vivir" y luego por "escribir". Esa experiencia vital le ha permitido fundamentar sus reportajes con fuentes en terreno, descripciones de los sitios, revisión de fuentes primarias y muchas entrevistas. Todas estas fuentes le permiten dotar a cada una de sus crónicas y reportajes de vida, de subjetividad, y sobre todo tener la capacidad de develar historias distorsionadas por múltiples capas de interpretaciones erradas sobre nuestro pueblo.

The Wallmapu —por si desean saberlo sus fans— mantiene algunas matrices de sus libros periodísticos anteriores: historias de despojo territorial, la violencia del racismo, la sobrevivencia de un pueblo y una cultura a la adversidad, su humor característico, las referencias al rock (de allí el título del libro, un guiño al clásico disco de Pink Floyd) y la personificación de sus protagonistas describiendo sus entornos y personalidades.

No es fácil este ejercicio, lograr no ser aburrido es un mérito y Cayuqueo lo consigue a partir de su sello, el que consiste en fusionar, en el momento preciso, el sarcasmo, la actualidad y su conexión con lo cosmopolita, con la cultura global. Lo último lo hace con algún episodio de sus viajes, las series de Netflix que comenta en redes sociales y, por supuesto, con sus abundantes lecturas. Esto último lo subrayo: Pedro es un gran lector, un devorador de libros. Lo fundamentado de sus crónicas, reportajes y entrevistas así nos lo confirma.

The Wallmapu comienza en Puelmapu, específicamente en la provincia de Chubut, actual Patagonia argentina.

Cayuqueo se dirige a dialogar con el lonko Facundo Jones Huala, en aquel tiempo con una tobillera policial electrónica en casa de sus abuelos, acusado de usurpación de tierras y atentados en ambos lados de la cordillera. Poco tiempo después el lonko sería trasladado desde Esquel a lado oeste de la cordillera, a la cárcel de Temuco, donde cumple condena hasta el momento de la publicación de este libro.

El reportaje, publicado en The Clinic, es revelador de su lucha y las convicciones que lo mueven.

Desde la perspectiva del movimiento mapuche, en las páginas del libro encontramos reflexiones de un amplio abanico de expresiones de nuestro pueblo: comunidades, lof, organizaciones, cada una con sus propias propuestas políticas. Está la voz de parlamentarios, alcaldes y líderes autonomistas. Todos y todas dan cuenta de sus variadas ópticas políticas que apuntan a subrayar —en la mirada del autor— que la diversidad es la fortaleza del pueblo mapuche.

Este libro, para quienes deseen adentrarse en la amplitud y heterogeneidad del movimiento mapuche, es un buen relato para iniciarse. A lo largo de *The Wallmapu* podrán leer entrevistas a dirigentes mapuche que desean construir la autonomía o bien a otros que apuestan por un Estado Plurinacional. Algunas voces están a favor de fortalecer las identidades cerradas, poniendo mayor énfasis en las tradiciones, y otras voces desean a lo menos discutir dichas posiciones por considerarlas conservadoras.

Varias de esas voces se sumergen en el debate sobre cuál vía es la más plausible para el país mapuche y su gente: ¿autonomía o plurinacionalidad? Ese debate, mejor dicho, estos laboratorios de creaciones políticas en perspectiva democrática, surgidas como tensiones creativas desde el Quinto Centenario, son fascinantes para cualquier sociedad que desea debatir y exponer ideas. Es un debate que por lo demás oxigena otras discusiones políticas y lo propio hace con nuestras democracias, a veces demasiado sofocantes con su monoculturalismo.

Como lo ha subrayado Cayuqueo en todos sus libros, las demandas indígenas surgidas a mediados del siglo XX han desembocado en la creación de nuevas institucionalidades a partir del nuevo siglo. Luego de veinte años de la emergencia indígena en América Latina, algunos casos han concluido en los Caracoles de Buen Vivir en Chiapas, a los que Cayuqueo hace referencia en este libro, el Estado Plurinacional de Bolivia o bien los experimentos de democracia inclusiva, como los municipios encabezados en Wallmapu por los alcaldes mapuche.

Citando las palabras del historiador inglés Eric Hobsbawm, es factible plantear que América Latina genera "laboratorios del cambio histórico", un continente desde el cual se pueden desautorizar las verdades convencionales.

Pero *The Wallmapu* no trata solamente de los mapuche. Es también una crónica periodística del segundo gobierno de Sebastián Piñera, tal como su libro *Esa ruca llamada Chile* (2014) lo fue del primero. La actitud triunfalista del mandatario lo hizo prometer acabar con el conflicto y resolver los temas pendientes relacionados con los derechos de los pueblos indígenas. Nada de ello sucedió y las crónicas expuestas en este libro pueden ayudarnos a comprender algunas variables que explican su fracaso.

Operación Huracán, caso Catrillanca, el Comando Jungla, el fracaso del ministro Alfredo Moreno y la última huelga de hambre de presos mapuche son algunos de los episodios que Cayuqueo analiza en este libro. También, por supuesto, el posterior estallido social.

Al concluir *The Wallmapu*, la percepción de que conviven dos Araucanía al interior de una —por un lado, la mapuche y, por otro, la blanco-mestiza— se refuerza. No considero descabellado aplicar las tesis del pensador boliviano Fausto Reinaga para comprender la situación actual en la vieja Frontera. Como da cuenta su autor en sus reportajes de fundamentación histórica, en la creación de La Araucanía a fines del siglo XIX se encuentran las raíces del actual desencuentro.

Estas raíces se encuentran en el periodo pos *Ocupación de La Araucanía* y la creación de las reducciones mapuche. El problema —uno de los tantos— es la ausencia de conocimiento de cómo se forjó la propiedad de la tierra y la acumulación de la riqueza en la región. Cayuqueo va relatando este proceso, pero también fundamentando, sin afán de crear más divisiones, sino para que se pueda conocer cómo sucedieron en verdad los hechos.

Tal vez intuye que en la reconstrucción de los hechos históricos, en este relatar la otra versión de lo sucedido, está la clave para forjar un pacto de convivencia entre mapuche y no mapuche. Y de ese modo superar la percepción de dos ciudades, en que una, la que Pedro llama "Fuerte Temuco", vaya convirtiéndose en lo posible en un sitio más amable y tolerante. Su anhelo pareciera ser que ambos Temuco no se encuentren solamente para agredirse, sino que también para convivir.

En definitiva, el nuevo libro de Cayuqueo nos va entregando una perspectiva desde lo mapuche en relación con la construcción del Estado a partir de las contingencias recientes. No obstante, con la emergencia de las escrituras mapuche y sus propuestas políticas para construir, como dice el autor de este libro, "una ruca donde quepamos todos", aquello va cambiando. Si será la autodeterminación o un Estado Plurinacional la "madre de todas las batallas para los pueblos originarios en el actual proceso constituyente" —según Cayuqueo—, dependerá de la acción colectiva de los habitantes de Wallmapu.

Para conseguir ese objetivo, cito al autor: "Chile debe pasar del Estado-nación del siglo XIX a un moderno e inclusivo Estado Plurinacional del siglo XXI. De una mediagua estrecha, incómoda, a una ruca espaciosa y amable donde por fin quepamos todos y todas".

Fernando Pairicán
Historiador

El retorno del malón
The Clinic, 7/septiembre/2018

Nunca antes pasó. No al menos en las últimas cuatro décadas. Que el tema mapuche lograra traspasar el restringido ámbito de la provincia y llegara a tocar las puertas mismas de Buenos Aires. No lo hacía tal vez desde la segunda mitad del siglo XIX, en los tiempos de la guerra argentina contra los míticos lanceros y weichafe de Tierra Adentro.

Calfucura, Pincén, Epumer, Namuncura, sus nombres por sí solos provocaban sendos zafarranchos en la capital. Y sus malones, verdaderas estampidas en toda la línea de fortines bonaerenses. Aquel es un miedo que perdura en aquella Argentina que todavía dice descender de los barcos.

El miedo al indio. Y al malón.

La élite trasandina pensó, equivocadamente, que el mapuche había sido borrado del mapa tras aquella larga guerra infame. Del mapa y de la historia. Aquella fue tarea de los ideólogos de la invasión. Y de los oficiales a cargo de las campañas. "Los indios son invasores y expulsarlos lo exige la propia virilidad argentina", escribió Roca en 1878.

Y así lo hicieron. Armados con sus Remington limpiaron de "indios" las tolderías desde Leubucó hasta la Patagonia. Y de paso se hicieron de un botín de más de cuarenta millones de hectáreas. No fue poca cosa. Hablamos de la superficie terrestre de España.

Pero los "indios" —que así nos llaman todavía los blancos por esos pagos— no fueron derrotados del todo. Ni mucho menos borrados de la historia. Y allí donde pudieron se refugiaron y sobrevivieron. Y con ellos, una memoria, una porfiada identidad común que cada tanto despierta.

Uno de estos refugios de posguerra fue la llamada Colonia Pastoril Cushamen, en la actual provincia de Chubut, allí en medio de la estepa patagónica. Ubicada a noventa kilómetros de Esquel, fue fundada por el cacique Miguel Ñancuche Nahuelquir en 1899, luego de que el Estado le reconoció esas tierras tras varios intentos de estancieros por apoderarse de ellas.

Ese año Ñancuche y su hermano Rafael Nahuelquir viajaron hasta Buenos Aires a parlamentar con el gobierno.

Se cuenta lo hicieron a caballo y tardaron varios meses. Fueron recibidos por el presidente Julio Argentino Roca en su domicilio particular. Sus gestiones rindieron fruto: 125 mil hectáreas de un territorio donde, según el decreto, los indígenas que ya se encontraban ocupando el territorio "debían ser preferidos al efectuarse la adjudicación de los lotes".

La generosidad de Roca no fue casual. Obedeció a consideraciones de seguridad nacional; el mandatario desconfiaba de los inmigrantes y de las ideas anarquistas y socialistas que desembarcaban con ellos. Tampoco los veía muy entusiasmados con su nueva patria. De allí su insólita valorización del indígena, los "argentinos originales".

¡Si hasta fotografías se tomó con los Nahuelquir!

Sucedió también que Miguel Ñancuche no era cualquier cacique. Era lugarteniente de otro célebre líder mapuche de aquellos años, el gran Valentín Sayweke, señor de todas las comarcas al sur de Neuquén y bajo cuyo control estaban los pasos cordilleranos hacia Gulumapu, el territorio del oeste hoy ocupado por Chile.

Acorralado y diezmado por los ejércitos de ambas repúblicas, Sayweke fue el último jefe de la resistencia mapuche en rendirse. Lo hizo el 1 de enero de 1885 en Junín de los Andes ante el coronel Lorenzo Wintter. Mismo camino habían tomado los hermanos Nahuelquir. Ambos terminaron cumpliendo servicios de "baqueanos" para sus otrora enemigos winkas en las últimas expediciones militares argentinas al sur del lago Nahuel Huapi.

"Sufrían mucho, los corrían de lado a lado de la cordillera, venía la sangre blanca meta bala así que se entregaron para salvar a los suyos. Eran tres o cuatro hermanos y así salvaron sus familias", consigna un testimonio recogido en el libro *Memorias de expropiación. 1872-1943*, del historiador y docente de la Universidad de Buenos Aires Walter Delrio.

Ante Roca tuvieron además el apoyo de un ilustre viajero de la época, el científico italiano Clemente Onelli, hombre cercano a Francisco P. Moreno y quien cumpliría destacada labor en la comisión que dirimió la cuestión limítrofe con Chile.

Onelli los visitó en sus tierras del valle de Cushamen, trabando con ellos amistad. Meliñé, cuatro ojos, lo bautizaron los Nahuelquir por sus anteojos redondos que no se quitaba ni para andar a caballo.

"Se trata de un jefe araucano de treinta familias muy laboriosas y agricultoras", escribió Onelli a Roca en favor de Ñancuche Nahuelquir y los miembros de su lof.

"Tienen más aptitudes para el progreso que los otros sujetos colonizadores de la comarca, sean ingleses, galeses o criollos que, a pesar de disponer de campos más fértiles y de capitales más importantes, presentan una inmunidad a toda prueba contra los sueros de la civilización y el progreso", apuntaría en su célebre libro *Trepando los Andes*, de 1903.

Si bien las colonias buscaban argentinizar a la población indígena allí radicada, en Cushamen las cosas rápidamente tomaron otro rumbo: se volvió un lof, esto es, un territorio bajo jurisdicción de un ñizol lonko, quien resolvía asuntos internos, parlamentaba con las autoridades y hasta dirigía el kamaruko, o ceremonia ritual.

Este ñizol, o lonko principal, no sería otro que el célebre Ñancuche, un jefe que "velaba por todos", poseía "mucho ganado, buenos campos y una bella casa", según se recuerda todavía en la zona.

Pero junto a la bandera argentina y sus efemérides ajenas llegaron también otros visitantes al territorio de los Nahuelquir. Pasa que el Estado comenzó a ofrecer condiciones muy ventajosas para atraer colonos e inversiones. Cushamen —un territorio dividido en 200 lotes individuales de 625 hectáreas— rápidamente se vio cercado de turbios personajes y estancias deseosas de correr sus alambradas.

Leleque, Maitén y Cholila eran tres de las colonias colindantes. Todas pasarían con los años a manos de un único propietario extranjero: la todopoderosa The Argentine Southern Land Company, de capitales británicos. Fue entonces cuando los robos de tierras, la pobreza y el hambre comenzaron a acorralar a los mapuche de Cushamen.

Este sería el comienzo de todo lo que vino después.

* * *

"Algunos me dicen Facundo Jones Wallace", bromea el lonko en referencia a las dudas que despierta en cierto sector de la prensa su identidad étnica. "Entre galés y escocés", agrega con una carcajada. "Indios truchos" los llegó a bautizar el polémico periodista Jorge Lanata cuando la desaparición de Santiago Maldonado copaba los titulares en Buenos Aires.

Argentina, de la noche a la mañana, cayó en cuenta que aún quedaban indígenas en el sur. Aquello no podía ser cierto. Lanata llegó a viajar a Esquel para entrevistar al lonko en la cárcel. La charla, disponible en Youtube, es de antología. Poco tuvo de entrevista. Es básicamente Lanata siendo Lanata. El personaje. No buscaba entender, menos profundizar en un conflicto en el que el argentino promedio brilla por su ignorancia. Lo suyo fue polemizar. Provocar. El rating.

Es miércoles y visitamos a Facundo en casa de su abuela paterna en un barrio de la periferia de Esquel, en calle Juan Manuel de Rosas. Allí cumple arresto domiciliario mientras la Corte Suprema decide su extradición a Chile. Se lo busca juzgar en Valdivia por incendio y porte de arma hechiza, cargos que el dirigente rechaza. Se trata del "Caso Pisu Pisue".

Este data de enero de 2013 tras el incendio de una casa al interior de un fundo de Río Bueno.

Cinco mapuche fueron detenidos tras una investigación que incluyó —de manera irregular— la activa participación de la Agencia Nacional de Inteligencia (ANI). Tres de ellos fueron absueltos de todos los cargos en el juicio oral. Un cuarto, juzgado recién en 2015, también resultó absuelto.

Pero el lonko abandonó el país antes de ser llevado a juicio. De allí el pedido actual de la justicia chilena. Y un arresto domiciliario que incluye una tobillera electrónica que monitorea las 24 horas sus pasos.

Se sube el pantalón y nos la muestra.

—Podría ser un modem, les daría wifi a todos —bromea.

Es lo primero que sorprende del lonko. Su sentido del humor. Lejos de la figura del peligroso terrorista étnico —"El mapuche violento que le declaró la guerra a la Argentina y Chile", llegó a titular un hiperventilado Clarín—, lo suyo es el nütram, la charla, el intercambio de opiniones que cada tanto matiza con alguna ocurrencia.

—¿Y cómo están los peñi del otro lado? —nos pregunta ya sentados en la mesa y mientras compartimos con su abuela una ronda de mates.

Le contamos. De las movilizaciones que nunca faltan, del machi en huelga que por fin pudo asistir a su rewe, de los juicios que finalizan, de los otros que comienzan, "lo de siempre", agregamos. Escucha atento y ceba el mate.

—Y Piñera, ¿es verdad que quiere dialogar con la CAM? —lanza de improviso.

Nada se le escapa al lonko.

Lector de cuanto libro o noticia sobre los mapuche se le cruza por delante, sorprende con su agudeza. Reconoce estar al tanto de lo que acontece en Gulumapu, el actual lado chileno del territorio mapuche. Sigue las noticias. Más aún por estos días de relativa libertad tras un año tras las rejas en Esquel.

Por orden del juez federal Gustavo Villanueva el lonko solo puede recibir cuatro visitas de forma simultánea. Y no todos los días: solo lunes, miércoles y domingos. Tampoco puede realizar reuniones ajenas a su ambiente familiar o charlar —como cualquier líder social— con los medios. A menos que ello sea autorizado por el juez. Tal fue nuestro caso.

Su abuela Trinidad Huala (81) vive a un puñado de cuadras de la Unidad Penal 14, en un barrio de laburantes, obreros, migrantes del campo, muchos con un origen mapuche "todavía dormido", nos dice Facundo.

Ella es la Wikipedia del clan de los Jones.

Su memoria es pródiga en datos, nombres y fechas. Lanata debió entrevistarla también a ella, concluyo mientras la escucho. Se habría enterado de varias cosas. Una de ellas, que los Jones poco y nada tienen de galeses. Y que sir William Wallace no es ancestro de nadie por estos lados. No al menos que ella sepa.

Cuenta Trinidad que el primer Jones fue Domingo, quien se asentó a fines del siglo XIX en la Colonia Pastoril Cushamen, en aquellos lotes bajo la protección del cacique Miguel Ñancuche Nahuelquir. Se dice que venía desde Azul, en la actual provincia de Buenos Aires, correteado por los militares.

"Muchos mapuche de otros territorios llegaron a Cushamen, allí fueron recibidos y con los años todas las familias se mezclaron", nos relata. No pocos eran ex prisioneros de guerra, weichafe y sus familias liberados de los siniestros campos de concentración de Valcheta, Carmen de Patagones o Chichinales. "El desparramo de los mapuche fue grande", agrega.

Trinidad creció precisamente en Cushamen.

Era una niña cuando su padre la dejó en casa de una tía, María Huanquelef, esposa del célebre Rafael Nahuelquir y figura consular en la vida de Trinidad. Un bello retrato de su "mamá" —como la llama con cariño— cuelga en el living de su casa.

"Mi recuerdo es que fui una niña feliz. Mi mamá me enseñó a trabajar el campo, criar animales y también a participar del kamaruko", cuenta mientras su nieto lonko la observa y escucha atentamente.

Facundo sabe que no todo fue felicidad en la vida de su abuela. Sabe que de niña fue testigo del despojo de las tierras, del remate de los animales por deudas usureras contraídas con los winkas recién llegados y del avance de las alambradas.

También sabe que las mejores tierras de Cushamen nunca fueron aquellas donde el Estado radicó, precariamente, a los mapuche. Estas las reservó el fisco para los estancieros trenzados en Buenos Aires con el poder político. Y otras tantas para los inmigrantes que arribaron cuando Trinidad todavía era una beba. Siriolibaneses, varios de ellos.

Los "turcos" llegaban con una mano por delante y otra por detrás. Comerciantes al menudeo que recorrían la zona casa por casa, ofreciendo artículos de mercería, comestibles y baratijas de diverso tipo, "vendiendo por kilito" y haciendo "cambalache" por animales o cereales. Del menudeo a levantar almacenes o "boliches", luego tomar tierras "en mediaría" y de allí a formar sus latifundios embargando animales con la fuerza pública y corriendo cercos a la mala.

Es el caso de los hermanos Breide, célebres por décadas en la zona por sus litigios y conflictos con la familia Jones-Fermín de la comunidad mapuche-tehuelche Vuelta del Río, allí en los bordes de la cordillera cerca de El Maitén y a 120 kilómetros de Esquel.

Llegados en 1904 desde Siria, los Breide se instalaron en Epuyén, Cholila y El Hoyo, los alrededores de Cushamen. Desde allí comenzaron un avance imparable. Lo mismo el colono Haikel El Khazen, socio comercial de los Breide y cuyos descendientes hasta hoy buscan desalojar a esta familia dedicada al pastoreo y la agricultura de subsistencia.

Son historias que se repiten por toda la zona. Casi calcadas. Y de emotivo recuerdo para Trinidad y los suyos, especialmente para su nieto Facundo, quien conoce de cerca aquella lucha: los Jones-Fermín son vecinos de la Pu Lof en Resistencia de Cushamen, comunidad formada por el lonko en tierras de otro célebre usurpador local: la familia italiana Benetton.

Pero no nos adelantemos tanto. Volvamos con Trinidad, su familia y los vínculos de los Jones Huala con las tierras de la Colonia Pastoril Cushamen. Aquellos de los cuales Jorge Lanata nunca se enteró en su viaje relámpago a Esquel. Ni buscó enterarse.

***

Martiniano Jones Huala (54) es uno de los 12 hijos que Trinidad tuvo con Sebastián Jones, peón de hacienda, buscavidas trotamundo y descendiente de aquel Domingo Jones venido desde más al norte. Junto a sus hermanos se crio en Mina de Indio, paraje de Cushamen donde el matrimonio en vano intentó echar raíces. La nieve, el hambre y tierras no aptas para el cultivo y la crianza los sacaron a todos de allí a comienzos de la década de los setenta.

"No se podía vivir en ese lugar, cazábamos liebres y cualquier bicho para llenar el estómago. Tampoco había leña para el fuego, vivíamos una pobreza muy grande. A nosotros nos corrió el hambre", cuenta Martiniano mientras visita a su sobrino Facundo, el lonko bajo arresto.

Buscando una mejor vida la familia se trasladó en 1973 hasta la ciudad de Esquel, a una casa ubicada en el barrio Don Bosco. Pero la plata escaseaba. Martiniano y sus hermanos no tuvieron otra opción que salir muy jóvenes a ganarse el pan.

Nos relata que junto a Ramón, el padre de Facundo, desde niños destacaron como jinetes allá en el campo.

"Siempre tuvimos esa conexión especial con los caballos, tal vez por ser mapuche", comenta. Y esa conexión era real. Así lo demostraron en el hipódromo de Esquel. Allí fueron contratados a poco de llegar. Primero para limpiar. Más tarde para montar.

Martiniano sería jockey hasta mediados de la década de los ochenta. Ramón, el padre de Facundo, lo sería todavía mucho más tiempo y con bastante éxito. Hasta hoy sigue vinculado a los caballos; trabaja en el haras La Pasión de Buenos Aires. Allí es un avezado cuidador y herrero de destacados finasangre.

Martiniano derivó con los años en hábil constructor de casas. Bellas casas de barro en Esquel y sus alrededores. Sixto, otro de los hermanos, trabajó largos años como mozo en el exclusivo Hotel Llao Llao de Bariloche. Buenos trabajadores los hermanos Jones Huala. Todos laburantes.

De vagos, como los retrató cierta prensa, absolutamente nada. Les sobra empeño.

Ramón también vivió en Bariloche, la turística ciudad argentina a orillas del lago Nahuel Huapi. Allí conoció a María Isabel Huala, la combativa madre de Facundo, luchadora incansable y habitual portavoz de la familia. Separados hace casi dos décadas, mantienen pese a ello fluida comunicación. No solo por el joven lonko y su posible extradición judicial a Chile. También por Fernando (29), Fausto (25) y Fiorella (27), sus otros tres hijos en común.

Fernando, mientras cursaba la secundaria, se fue a vivir con su padre a Buenos Aires. Fue incluso peón de caballos de carrera en el stud Rubio B. También fue flogger, algo que —curiosamente— escandalizó a quienes esperaban dar con un joven mapuche anclado en otro siglo y aislado completamente de las tribus urbanas y la cultura pop. Hasta lo acusaron de "falso mapuche" por ello.

Fernando hoy es werkén, mensajero, de la Pu Lof en Resistencia de Cushamen. En dicha función, propia de eximios oradores, destaca por su lucidez y templanza. Es la mano derecha de su hermano lonko.

Fausto, el menor de los tres hombres del clan, también sabe de luchas y persecuciones policiales. Actualmente está imputado por la justicia por "usurpación y atentado contra la autoridad", tras participar de una ocupación de tierras en Villa Mascardi, ello en noviembre del año pasado.

El predio, bajo jurisdicción de Parques Nacionales, fue desalojado a balazos por efectivos del grupo Albatros de la Prefectura Naval Argentina. Allí murió baleado Rafael Nahuel, un joven laburante de los barrios pobres de Bariloche. Fausto Jones fue uno de los mapuche que aquel día bajaron su cuerpo en una camilla hasta la ruta. Fue detenido en el acto.

Pese a su reconocido bajo perfil, Ramón, el padre de los tres, también ha sacado la voz por la causa étnica que todos en su familia han abrazado. A fines de 2017, tras visitar al lonko Facundo en la cárcel de Esquel, fustigó duramente a los medios por toda la desinformación reinante.

"Nosotros nos criamos todos acá; da bronca cuando dicen que los mapuche no somos de acá, que somos vagos o que yo soy granjero británico como publicó Clarín. ¿Por qué no preguntan antes? En Esquel me conoce mucha gente. ¿Qué tengo yo de británico?... Dejen de hostigar al pueblo originario", disparó molesto.

Martiniano cree que el reencuentro de su familia con sus orígenes es un proceso irreversible. Una primavera que ya nadie podrá detener.

"Yo tardé muchos años en tener la confianza para manifestar mi identidad mapuche. Uno cuando niño sufrió el racismo y la marginación, el propio sistema está diseñado para que sientas vergüenza, 'indio de mierda' era lo más suave que nos decían en la escuela", comenta.

Martiniano es clave en la historia de Facundo.

Fue de los primeros en la familia en transitar el complejo camino del autorreconocimiento. Él debió ser el lonko, reconoce, pero miedos y dolores acumulados desde niño se lo impidieron. No tuvo las fuerzas. Y cedió la responsabilidad —y el honor— a su sobrino.

"Es un proceso largo reconstruir la propia identidad, hay que acercarse a los mayores, volver al territorio, sanar muchas heridas. A veces pienso que es como aprender a caminar de nuevo", agrega Martiniano.

Caminar. Es lo que el lonko dice extrañar estando preso en la cárcel o aquí donde su abuela Trinidad. Caminar por la Pu Lof, aquel territorio a la vera de la Ruta Nacional 40, vecino de la Estancia Leleque y que un 13 de marzo de 2015 decidieron con su familia y un puñado de otros jóvenes disputar a la firma italiana Benetton.

Allí desapareció —el 1 de agosto de 2017— el artesano anarquista Santiago Maldonado tras una violenta carga de Gendarmería. Su cuerpo fue encontrado 77 días más tarde flotando en las frías aguas del río Chubut, afluente cordillerano que atraviesa zigzagueante las tierras en conflicto.

Su caso impactó a toda la Argentina. Movilizó a miles dentro y fuera de sus fronteras. Pero también visibilizó injusticias de más de un siglo que persisten. La principal de todas, la alta concentración de la propiedad de la tierra en Patagonia. De tierra mapuche-tehuelche en manos ajenas.

***

Atilio Curiñanco recuerda que nació y creció en las cercanías de la estación de trenes de Leleque. Allí trabajaba su padre, un mapuche desplazado de sus tierras como tantos otros en la zona. Ya mayor, casado con Rosa Rúa Nahuelquir, buscó trabajo en la ciudad de Esquel, en un frigorífico. Ella hizo lo propio en una fábrica textil. Allí criaron a sus cuatro hijos. Y vieron nacer sus primeros nietos.

Pero una de las tantas crisis económicas cerró la textilera y también el frigorífico. Corría el año 2002. Fue cuando decidieron, alentados por sus hijos, volver a vivir al campo. Y dejar atrás para siempre aquella vida de mapuche urbanizados a la fuerza.

Entonces averiguaron. Había un predio en teoría fiscal llamado Santa Rosa sobre la Ruta 40, frente a la Estancia Leleque. Eran tierras conocidas por Atilio desde su infancia. Allí cazó liebres con sus primos. Y cuidó animales.

Existía además otro dato relevante: una familia de apellido Tureo figuraba entre sus últimos pobladores hace más de medio siglo. Una familia indígena de la zona. Desde entonces que el predio estaba abandonado. Decidieron ocuparlo y transformarlo en su nuevo hogar. Hasta se dieron el trabajo de informar de ello a la policía de Esquel. No buscaban problemas, solo estar mejor. Y ganarse la vida con sus propias manos.

En eso estaba el matrimonio: construyendo una casa, sembrando, habilitando la huerta, cuando al poco tiempo apareció por Santa Rosa un trío infaltable en la zona: abogados de estancia, jueces y fuerza pública, todos trenzados en Chubut desde que se instaló el primer alambre.

Sería el comienzo de una larga batalla judicial contra Benetton, el mayor terrateniente de Argentina con novecientas mil hectáreas de patrimonio.

En este punto es necesario volver al inicio de este reportaje. A la Argentina Southern Land Company, los ingleses que a comienzos del siglo XX adquirieron todas las haciendas colindantes con la Colonia Pastoril Cushamen, aquel refugio mapuche de posguerra.

"La Compañía" —que así la conocen todos— nació en 1889 y vía testaferros logró una serie de gigantescas concesiones por parte del Estado entre las provincias de Río Negro, Chubut y Santa Cruz. Su historia la cuenta en extenso el periodista Ramón Minieri en el libro *Ese ajeno sur. Un dominio británico de un millón de hectáreas en Patagonia*. Los ingleses llegaron a poseer un territorio cuarenta veces mayor que Buenos Aires, un feudo repleto de vacas, ovejas, alambradas y un batallón de peones de hacienda viviendo y muriendo en sus dominios.

Fue el año 1991, bajo el gobierno de Carlos Saúl Menem, que su gigantesco patrimonio fue adquirido por la familia Benetton. Sí, los mismos italianos de la marca de ropa y las publicitadas campañas en pro de la diversidad étnica y cultural.

Hoy son un verdadero poder fáctico en Río Negro y Chubut. Sus directivos ejercen gran influencia en la Sociedad Rural, el poder judicial, partidos políticos, el gobierno y otros grupos de poder. Según la Dirección del Registro Nacional de Tierras Rurales, el 22,9 por ciento del total de las tierras del Departamento de Cushamen están hoy en manos de extranjeros. Los Benetton, uno de ellos.

Vuelta del Río es uno de los varios parajes de Cushamen. Allí está ubicada la Pu Lof en Resistencia, comunidad formada por el lonko Facundo Jones Huala en tierras precisamente en poder de Benetton. La Pu Lof se ubica a un costado de la Ruta 40, a 90 kilómetros de Esquel y a escasos 20 kilómetros —en línea recta— del paraje Mina de Indio, donde se criaron los tíos del lonko. También en pleno trazado del recorrido de La Trochita, el histórico Viejo Expreso Patagónico que realiza viajes turísticos desde y hacia Esquel.

Todavía más cerca de la Pu Lof, siguiendo hacia el sur la Ruta 40, se encuentra Santa Rosa de Leleque, comunidad formada por Atilio y Rosa tras aquel retorno al campo del año 2002. Allí han resistido desalojos policiales, un par de juicios y hasta ofrecimientos de tierras y dinero de los Benetton con tal de que abandonen la propiedad.

Aún estamos vivos y resistiendo, Petu Mongueleiñ y *Territorio mapuche recuperado* rezan los múltiples lienzos instalados en el acceso a Santa Rosa y que son visibles desde la ruta. También la bandera mapuche-tehuelche que flamea allí desde el día uno.

Es una porfía y una dignidad que aterrorizan a los miembros de la Sociedad Rural Argentina, varios de ellos descendientes directos de quienes financiaron el ejército de Roca y luego se repartieron Puelmapu como un botín. Más de uno ha llegado al gobierno con Mauricio Macri.

Es el caso de Patricia Bullrich, la flamante ministra de Seguridad de la Nación. Su ancestro familiar es Adolfo Bullrich, militar y rico comerciante que llegó a ser intendente de Buenos Aires durante el segundo mandato de Roca, su amigo personal. El viejo Bullrich hizo fortuna rematando las tierras arrebatadas a los ülmen y lonkos mapuche tras la mal llamada Conquista del Desierto.

—Su lucha es como el retorno del malón antiguo —le comentamos al lonko Facundo Jones Huala, mientras charlamos de todas estas historias presentes y pasadas en casa de su abuela Trinidad.

—Ellos, los winkas, hicieron cosas malas y las siguen haciendo. Aquí la cuestión de fondo es la propiedad de la tierra y los privilegios de una clase. Acá se da además la combinación entre latifundio y trasnacionales, que es el caso de Benetton. Allí está el temor de la Sociedad Rural, que al cuestionar nosotros al gran capital luego pasemos a cuestionarlos a ellos. Por eso nos persiguen —agrega.

—Si lo extraditan a Chile, ¿se detiene esta lucha? —preguntamos.

—Las comunidades se están reorganizando en los territorios y la identidad mapuche está cada día más viva. Peñi, esta primavera no la para nadie —nos responde.

The Wall Mapu
La Tercera, 31/octubre/2018

La noticia sorprendió a muchos: Roger Waters, el mítico fundador de Pink Floyd, anunció hace unos días que una banda de rock mapuche lo acompañará en sus próximos conciertos por la República Argentina. ¿Los elegidos para ello? Puel Kona, joven agrupación de la ciudad de Neuquén, el lado oriental del histórico país mapuche.

Pero si la noticia impactó en el mundo artístico y las redes sociales, el detrás de escena de cómo fueron elegidos bien vale la pena relatar. Cuenta la periodista Gaby Cociffi, directora del portal de noticias trasandino Infobae y a quien contactó Roger Waters, que todo surgió de un mail que ella recibió hace al menos un año. Allí el músico fue bastante explícito en su petición.

"Las discográficas me están proponiendo distintas bandas como grupo soporte, pero se me ocurrió una idea alternativa. He estado siguiendo los problemas de los mapuche en Argentina y Chile, así que me gustaría tener músicos mapuche en mis shows como acto de apoyo a su lucha. ¿Qué pensás?", le escribió el músico desde su gira mundial *Us+Them Tour*.

"Nuestro show en La Plata es exactamente en siete semanas. Tenemos muy poco tiempo. Pero estoy feliz y conmovido con lo que vamos a hacer", replicó en un segundo correo.

Fue entonces cuando Cociffi contactó a Verónica Huilipán, dirigenta y werkén de la Confederación Mapuche de Neuquén, una de las principales organizaciones del lado mapuche trasandino. En un extenso mail, la periodista le contó del interés de Waters y le solicitó el dato de alguna agrupación musical.

"Los Puel Kona", fue la respuesta inmediata de Huilipán.

"Son músicos que fusionan mapuzugun y castellano en sus letras. Y cuentan con sabiduría la cosmovisión de nuestro pueblo y la lucha de resistencia que históricamente hemos llevado las comunidades", agregó la dirigenta.

La propuesta de Huilipán fue entonces enviada a Roger Waters junto al último disco de la banda.

"Gracias por compartir la respuesta de Verónica, estoy conmovido. Me encanta esta banda / sonido, arpa judía, flautas, tambores de rock, excelentes ritmos, grandes voces. Ninguno de los clips de YouTube tiene imágenes, ¿hay algún video de ellos? Estoy muy emocionado", respondió el músico.

No solo eso. Minutos más tarde Gaby recibió otro mail. "Estuve buscando en Google, ¿sabés que su nombre significa "Guerreros del Este"? Bien hecho por encontrar a Lautaro (voz del grupo), observo que toma su nombre de un líder mapuche del siglo XVI", comentaba Waters.

"El genio que hace delirar al mundo y llena estadios se había sentado una tarde para googlear los nombres de los integrantes de la banda", relató Cociffi, maravillada por el genuino interés del creador de obras maestras de Pink Floyd, como *The Dark Side of the Moon* y *The Wall*, entre otras.

"Deciles que definitivamente los necesitaremos para ambos shows en Argentina, los cuidaremos adecuadamente y me aseguraré de conectarme para discutir el contenido con ellos", finalizó el músico. Genio y figura por donde se lo mire.

Nueve años antes, Cociffi había escrito al ex líder de Pink Floyd, solicitando su ayuda para que la causa por la identificación de los soldados caídos en las Malvinas —en la que ella trabajaba con algunos veteranos— tuviera por primera vez apoyo oficial.

El músico, por cierto, accedió conmovido.

"Hasta antes de que Roger Waters le llevase la causa a la entonces presidenta Cristina Kirchner nadie había querido escuchar el ruego de las madres de los soldados argentinos enterrados sin nombre en Darwin", relata Cociffi.

Pero el músico inglés no solo le dio voz a la causa, también le puso el cuerpo: habló con embajadores, miembros de la Cruz Roja Internacional y hasta funcionarios de las islas. Hoy ya son 101 los combatientes que fueron identificados y cuyos restos fueron entregados a sus familiares.

Ello forjó una relación de mutuo respeto entre ambos.

"Fue también la llave que abrió la puerta para que Puel Kona sea la banda elegida como soporte en los dos conciertos que Roger Waters dará en el Estadio Único de La Plata", agrega la periodista, emocionada.

* * *

Lefxaru, Amaru, Umawtufe, Malen, Ignacio y Juan Pablo son los integrantes de Puel Kona. Debutaron con su primer disco homónimo en 2014 bajo la producción de Goy Ogalde, líder del grupo rock trasandino Karamelo Santo.

En 2017 presentaron *Kintu Newen* (Buscando la fuerza), disco hoy disponible en las plataformas YouTube, Deezer y Spotify. Han compartido escenario con Manu Chao, Las Manos del Filippi, Illapu e Inti Illimani, entre otras bandas. Y recorrido con su música todo el país mapuche, desde el Atlántico al Pacífico, incluido un show en la última versión del Festival Rapa Maquehue de Temuco.

La banda combina rock, ska, hip hop, reggae, cumbia y otros géneros latinos con sonidos e instrumentos tradicionales mapuche. Pero esta combinación de géneros también tiene sus límites: Puel Kona no introduce en sus canciones el tayül, que es un canto propio de ceremonias.

"Queríamos contar otra forma de ver el mundo, nuestra propia cosmovisión", dice Malen Nawel, la única mujer del grupo. "La música fue un hilo conductor de nuestro mensaje. Somos un pueblo intercultural y nuestra música también lo es. Hay que trabajar mucho para cambiar lo que se dice sobre los pueblos originarios. Sobre todo lo que dicen las voces de afuera", agrega convencida.

Las letras de Puel Kona, en su mayoría en mapuzugun, hablan del renacer de la identidad mapuche, de una discriminación que aún persiste y también de aquellos conflictos territoriales pendientes en uno y otro lado de los Andes.

"Ayer las carabelas hoy son las petroleras / La codicia extranjera de nuevo en nuestra tierra / Gasoductos y pozos, sangra el Wallmapu abierto / No importan las regalías si nos dejan un desierto", denuncian al ritmo del ska en la canción Malditas petroleras. "Clandestino en tu propia tierra / Extranjero en tu propio origen / es nacer y estar condenado, existir pero ser invisible", cantan por su parte en Clandestino.

Gran parte de los músicos pertenecen además al lof urbano Newen Mapu, de activa participación en el movimiento mapuche trasandino. Su sede, ubicada en el corazón del Islas Malvinas, un populoso barrio neuquino, es desde hace al menos dos décadas un hervidero de activismo y militancia juvenil.

"La música es nuestra vida y surge de la espiritualidad mapuche. Nosotros aprendimos primero a tocar nuestros instrumentos mapuche y después, ya de más grandes, la guitarra", cuenta Lefxaru, voz principal de la banda.

"Luchamos por el derecho de vivir en paz en una sociedad intercultural, en un Estado Plurinacional; somos ciudadanos argentinos pero nuestra nacionalidad es y sigue siendo mapuche", agrega.

"Para nosotros esto que está pasando es como un sueño porque coincidimos y compartimos muchos valores con Roger Waters", complementa Umawtufe Wenxu, bajista de Puel Kona y trabajador radial en Neuquén.

"Nosotros desde pequeños nacimos sabiendo que somos mapuche, que somos parte de un pueblo originario que forma parte de los más de treinta y cinco pueblos originarios que residen en la Argentina. Somos preexistentes a los Estados y luchamos para que se reconozca que dentro de este territorio coexisten y cohabitan diferentes naciones", agrega.

Sobre los próximos dos conciertos con la leyenda de Pink Floyd, Umawtufe no tiene duda de que será "un encuentro maravilloso".

"Vamos a poder compartir con miles de personas la lucha que llevamos adelante como pueblo. Y al mismo tiempo podremos encontrarnos en un lugar que es sumamente mágico, de diversión y de alegría como lo es la música", comenta el músico. Tiene razón Umawtufe, se trata de un verdadero sueño. Para ellos y también para su pueblo.

Un mapuche de selección
CNN Chile / Kulmapu

Llegamos hasta la comunidad Andrés Coliqueo en la comuna de Freire, para conversar con el único futbolista chileno que ha marcado goles en dos mundiales de fútbol. Hablamos de Jean André Beausejour Coliqueo, campeón de América con La Roja, símbolo de la causa mapuche y deportista con lúcida opinión política y social.

En Huilio, la tierra mapuche donde se crio, Jean Beausejour nos relata cómo vive su identidad y el ser mapuche en pleno siglo XXI. El miembro ilustre de la generación dorada del fútbol chileno, en exclusiva con Kulmapu, se refirió a su familia, al orgullo por sus raíces y también a luchas sociales pendientes en Chile y en Wallmapu.

También, por supuesto, habló de don Andrés Coliqueo, su querido abuelo materno y a quien desde niño reconoce como un padre, así como de sus vacaciones de infancia entre labores agrícolas y largos paseos por el campo.

A continuación les presentamos el lado más íntimo de Jean Beausejour, su lado mapuche.

—*Mari mari peñi Jean.*
—Mari mari peñi Pedro.

—*Aquí estamos en la comuna de Freire, una tierra que te remite a cosas bien especiales, esta tierra es la de tu origen familiar mapuche.*
—Así es peñi, la comunidad lleva el nombre de uno de mis tatarabuelos, el cacique Andrés Coliqueo, el mismo nombre de mi abuelo materno, y hacer la entrevista aquí es para mí muy especial, creo que es la primera vez que yo abro este espacio para que alguien pueda hacerme aquí una entrevista. Me siento muy emocionado de estar acá en la comunidad mostrando al mundo parte de lo que soy.

—*Hay gente que se sorprende de la vivencia mapuche que tú has manifestado en los últimos tiempos en tus declaraciones y entrevistas. Pero esa gente*

—siento— desconoce que gran parte de tus vivencias infantiles y adolescentes tienen que ver con este territorio, con tu comunidad.

—Sucede que a la vista yo soy un negro africano pero por dentro, sin desmerecer esa otra parte que también quiero mucho, lo que más me ha marcado y siento a fuego es mi sangre mapuche. Los valores de esta cultura son los que me ha dado mi familia, principalmente mi abuelo que fue con quien yo me crie. Y son mapuche también las vivencias que tuve muy de pequeño. Teníamos la oportunidad de ir a los molinos por la harina, todos en carreta de rueda de fierro; son cosas que uno recuerda con cariño y nostalgia. Eran quizás cosas rutinarias y cansadoras para la gente del campo, pero en nuestra memoria siempre queda la nostalgia. Ahora uno agradece que haya llegado la modernidad, la gente tiene vehículos y la vida se hace un poco más fácil.

—Cuando visitas la comunidad, tus familiares, tus tíos, tus parientes ¿te hacen sumergir en la cultura mapuche?

—Sí, pero más que sumergirme yo lo veo como algo cotidiano. No es que yo me disfrace de mapuche. A veces la gente forma caricaturas de la identidad, piensa que cuando uno va cruzando el Biobío hacia el sur se pone el poncho y empieza con el kultrún y el trompe, pero no, acá yo soy el mismo tipo que soy en Santiago, la única diferencia es que me llaman por mi apodo de niño y asumo las cosas que acá son diarias. Me encanta ir a dejar los animales al campo, comer una tortilla de rescoldo, salir a buscar mora y maqui con un tarro como hacíamos con mi primo en las mañanas para hacer mermeladas; me encanta hacer las actividades normales del campo. El otro día mi hermano Patricio me dijo algo que me quedó grabado: "Nosotros lo que exigimos no es que prevalezca nuestra cultura sobre la cultura winka, lo que exigimos es que las dos culturas tengan una relación de igualdad entre sí". Yo le encuentro toda la razón, ojalá exista sobre todo en los niños la posibilidad de crecer viviendo su cultura, sin perder tampoco la chilena, a eso se refieren me imagino las demandas por reconocimiento y autonomía.

—Has tenido la posibilidad de vivir en diferentes partes del mundo, en varios países, en diversos contextos. ¿Sientes que Chile está atrasado en torno a eso, en aceptar, vivir y encariñarse con la diversidad?

—Te voy a dar un ejemplo deportivo, cuando nosotros jugamos con los paraguayos. Te lo voy a graficar con algo súper simple: en las pelotas detenidas, que son situaciones de táctica fija, ellos hablan en guaraní y nosotros no tenemos nada que hacer, no entendemos nada. Se pueden estar diciendo "yo me voy con esta marca, tú con esta otra", y nosotros no entendemos nada. Allí te das cuenta de que hay países que no están a mucha distancia de Chile y que asumieron la interculturalidad, el reconocimiento a los pueblos indígenas, de mucho mejor manera que nosotros.

—*¿Le transmites a tu hijo ese amor por su cultura?*
—Sí y le digo a mi abuelo que le hable en mapuzugun. De hecho, mi abuela le regaló un trompe en la última Navidad. Le gusta. Trato también de acercarlo a mi lado mapuche para que se sienta orgulloso, para que no suceda lo que décadas atrás, cuando mucha gente lo veía como una carga y no como un orgullo.

—*¿Desde cuándo tienes este interés intelectual de estudiar, de aprender y profundizar más sobre nuestra cultura, sobre nuestra lengua?*
—Pasa que en mi casa siempre se hablaron estos temas, también otros más políticos, sociales, culturales; siempre mi familia ha sido muy opinante. El tema mapuche no fue la excepción y siempre estuvo metido en la sobremesa, en cualquier reunión familiar para nosotros fue y es importante. Mi hermano es un profesor intercultural con posgrados en el exterior, entonces siempre fue tema. Mis hermanos mayores, Patricio Coliqueo y Marcelo Coliqueo, que en verdad son mis tíos, son mis referentes de vida.

—*Este perfil tuyo es muy particular dentro de un ambiente futbolístico en el que las lecturas y las discusiones político-sociales no son muy recurrentes. ¿Cómo ha sido en el fútbol la recepción de tus opiniones públicas?*
—De todo, positivas, también negativas, pero cuando uno es un poco conocido yo soy de la idea de que no tiene que ser ambiguo. Quienes son conocidos deben tener opinión política, tienen que opinar sobre las cosas que están pasando en su país; por algo la gente te reconoce públicamente y hay que gastar el capital y el crédito de popularidad que uno pueda llegar a tener, no saca nada uno con guardarlo. Uno tiene que opinar, no ser ambiguo, y tengo muchos pares que también opinan pero se lo guardan quizás para no ser impopulares. Yo no soy así.

—*Tenemos un país que está cambiando, hay una generación distinta que está impulsando cambios y discusiones que este país tiene pendientes hace demasiado tiempo. Ustedes tiempo atrás apoyaron desde la selección la lucha estudiantil. ¿Observas que hay allí una batalla digna de dar?*
—Nosotros los futbolistas no estamos ajenos a lo que pasa en la educación chilena, yo soy un hijo de la educación pública al igual que gran parte de mis compañeros de selección. Hemos vivido en carne propia lo

que significa haber recibido educación pública. Te doy un ejemplo súper gráfico: yo años atrás llegué a vivir a Inglaterra con una nula base de inglés. Entonces no es que a mí me contaron que la educación pública chilena es mala; me tocó vivirlo y sufrirlo, me costó un mundo desenvolverme en Inglaterra, y si hubiera tenido una educación de calidad como corresponde hubiera sido tal vez diferente. A mí me hubiera encantado de niño tener la lengua mapuche como primera lengua y después asumir el castellano, el inglés y el francés, eso sería para mí educación de calidad. Pero está surgiendo una nueva era en la que los mapuche están queriendo rescatar su cultura y una de las formas es aprender mapuzugun. Yo en el futuro próximo espero ponerme a estudiar nuestra lengua.

—*Qué te pasa cuando recorres tu comunidad y te reencuentras con espacios como estas canchas de fútbol rural, que pueblan la geografía de muchos campos del sur y que cuentan con cero apoyo.*
—Los niños de campo crecen y se crían en estas canchas y ni siquiera en estas condiciones. Se supone que el fútbol es un deporte popular, masivo, y tienen ellos las mismas oportunidades de desarrollarse que tiene un niño winka de una población en Santiago.

—*Si tu madre se hubiera quedado aquí en la comunidad y no hubiera migrado a Santiago, ¿habrías tenido la posibilidad de ser un futbolista profesional?*
—Imposible, la verdad es que hubiese costado mucho. Yo siempre digo que mis abuelos fueron visionarios en el tiempo que les tocó vivir, ellos tuvieron que migrar a Santiago, a Viña del Mar, para tener las oportunidades y ni siquiera para ellos, porque sabían que sus vidas ya estaban marcadas; ellos lo que en verdad esperaban era una mejor vida para sus hijos y posteriormente para sus nietos. Una de esas oportunidades me la dieron a mí.

—*Cómo lidias con tu identidad tan marcada que tienes como afrodescendiente y mestizo mapuche a la hora de representar a Chile como seleccionado nacional. ¿Tú sientes que es una camiseta por la cual valga la pena dejar todo en la cancha?, ¿está en ti ese sentimiento chileno también presente?*
—Nunca me habían hecho esta pregunta y debe ser de las mejores que me han hecho. Es difícil responderla, porque hay una mezcla de sentimientos tan potentes, tan importantes que me cuesta. Lo que sí te puedo responder es que una vez que me pongo la camiseta de Chile trato de hacer lo mejor y siempre doy el cien por ciento. Ahora me hubiese gustado tener la posibilidad de por qué no jugar por una selección de

Wallmapu, sería mi sueño, sin dejar de jugar por la de Chile, como lo hacen los jugadores de Catalunya, de Andalucía; tener la posibilidad de jugar aunque sea una vez al año por la selección de Wallmapu, sin que esto sea una declaración de independencia ni nada, es solo ser un poco soñador.

—*Tienes otro compañero futbolista profesional que es de origen mapuche, Gonzalo Fierro Caniullán.*

—Espectacular es mi relación con Gonzalo, nos conocemos desde las selecciones menores. Pasa que cuando las familias migran desde el sur a Santiago se va perdiendo el origen, la cultura y muchas veces sin que ellos quieran. Pero él usa en la jineta de capitán de Colo-Colo la bandera de Wallmapu y me parece espectacular. Hay gente que critica eso, ve ánimos independentistas, y la verdad es que uno tiene el ánimo de que se integren más las dos culturas. Y esas cosas, esos gestos, van uniendo las culturas.

—*Te agradezco peñi la gentileza de recibirnos en tu lof, en tu territorio, abrirnos también un espacio muy íntimo de tu historia personal y desearte éxito en tu carrera. Esperamos tenerte pronto de nuevo en los campos y las comunidades de Wallmapu.*

—Me siento feliz de haber abierto este espacio a gente como tú peñi, a gente que estimo.

El día de la marmota
La Tercera, 25/septiembre/2018

Es imposible en Chile destapar champaña (o bien muday) por anuncios o propuestas del gobierno en materia de pueblos indígenas. Ayer lunes no fue la excepción.

Pasa que el denominado *Acuerdo Nacional por el Desarrollo y la Paz en La Araucanía*, del presidente Sebastián Piñera, recuerda mucho al fallido *Plan de Reconocimiento y Desarrollo Araucanía*, del segundo mandato de Michelle Bachelet.

Este fue dado a conocer con bombos y platillos en junio de 2017, y de sus propuestas —pendientes desde la década de los noventa— nunca más tuvimos noticias.

A los pies del cerro Ñielol, el actual mandatario chileno desempolvó e integró a su propio anuncio buena parte de las tareas inconclusas de su antecesora. Entre las más destacadas: nueva institucionalidad indígena, reconocimiento constitucional y participación política en el Congreso.

Honestamente, no hablamos de grandes novedades. Todas son propuestas posibles de rastrear en los gobiernos de Ricardo Lagos, Eduardo Frei e incluso Patricio Aylwin allá por los albores de la transición democrática e incumplidas hasta nuestros días.

Estos anuncios bien podrían ser bautizados como nuestro "Día de la marmota", ello por la similitud de sus puestas en escena con el personaje de Bill Murray en aquella célebre película de 1993. En ella, Phil Connors, un meteorólogo y presentador de televisión bastante estúpido, repite una y otra vez las mismas 24 horas hasta que logra hacer lo que debe hacer. Atrapado en el tiempo, su vida es un eterno *déjà vu*, tal como nos pasa a los mapuche con este tipo de anuncios.

¿Correremos otra vez la misma suerte que Murray?

No me cansaré de repetirlo: Chile tiene la oportunidad histórica de ponerse al día con avances que en otros países hace rato cumplieron mayoría de edad. Fue en los noventa cuando gran parte de las democracias latinoamericanas avanzaron en reconocimientos constitucionales, participación política y legislaciones *ad hoc* para los pueblos indígenas. El caso colombiano es el más sorprendente de todos. Y también el menos estudiado. Tal es el atraso de Chile; al menos dos décadas respecto del vecindario.

¿Qué se debate hoy al respecto en Ecuador, Bolivia o Colombia? ¿Reconocimientos en deuda desde el Quinto Centenario?

En absoluto. Se debaten temas que Naciones Unidas califica como mínimos estándares de buena salud para un sistema democrático moderno; autonomías territoriales, plurinacionalidad del Estado, plurilingüismo y educación superior intercultural, pluralismo jurídico y nuevas categorías de ciudadanía e identidad nacional.

En Chile estos temas siguen siendo lejanos y casi inexistentes en el debate público. Basta señalar que habitualmente son caricaturizados como discursos "separatistas", "radicales" e incluso "subversivos" por élites políticas, económicas y culturales que siguen ancladas en otro siglo, en aquel de la supremacía blanca y el menosprecio de nuestra diversidad cultural y étnica. Tal es nuestro subdesarrollo político y mental.

Pero a ratos suceden cosas que brindan esperanza de no seguir —como el personaje de Bill Murray— atrapados en el tiempo.

Permítanme mencionar dos de ellas. Por un lado, el diálogo político transversal y sin exclusiones odiosas que se atrevió a impulsar el ministro de Desarrollo Social Alfredo Moreno. Aquello requirió coraje y muñeca política. Y una buena dosis de pragmatismo; a estas alturas, uno de los principales "activos" de su liderazgo público en alza.

Pasa lo mismo con su inusitado despliegue en terreno, algo que el propio senador Francisco Huenchumilla (DC) reconoció como "nunca antes visto" en La Araucanía. "Fútbol total" le llamó el congresista en referencia a la mítica Naranja Mecánica de Johan Cruyff.

Otra señal esperanzadora son las pugnas desatadas al interior del oficialismo por el "tono" de la propuesta presidencial. Estas reflejan un saludable quiebre entre aquellos dispuestos a empujar una agenda de reconocimiento y quienes, por el contrario, desprecian profundamente aquello.

No solo la autorización al machi Celestino Córdova para salir de la cárcel golpeó duro a los segundos. También que el gobierno decidiera no incluir en su anuncio la "venta de tierras indígenas", una verdadera obsesión del latifundio y los gremios sureños. Para usuarios de Netflix, hablamos de la familia Snell de la serie Ozark.

"Las diferencias y tensiones en la región se originan a mediados del siglo XIX con la decisión del Estado de Chile de ocupar las tierras del río Biobío al sur, con chilenos del norte y extranjeros europeos traídos para poblar la zona. A ello se sumó una política de Estado tendiente a integrar a los pueblos originarios a la sociedad occidental, sin respetar su cultura y tradiciones ancestrales", señala parte del Acuerdo Nacional por el Desarrollo y la Paz en La Araucanía.

Es un texto impensado hace una década para la derecha, prueba de un incipiente cambio cultural en sus filas.

Nadie sabe cuánto tiempo estuvo atrapado el personaje de Bill Murray en aquella película. En el filme se muestran treinta y ocho versiones distintas del día de la marmota. Hasta que logró sacar las debidas lecciones y librarse de aquel fatídico bucle temporal.

Los mapuche llevamos treinta años atrapados en nuestro propio e interminable día de la marmota. Que este 2018 sea por favor el último.

Making a murderer
La Tercera, 17/octubre/2018

Octubre de 1986. Steven Avery es declarado culpable de agresión sexual e intento de asesinato de una mujer que trotaba cerca del lago Michigan, en Estados Unidos. Pese a alegar inocencia y las contradicciones en las pruebas —entre ellas, una confesión obtenida bajo presión policial—, el juez del condado de Manitowoc lo condenó a 32 años de prisión.

Sin embargo, dieciocho años más tarde nuevas pruebas de ADN demuestran no solo su inocencia. También que las instituciones que participaron en su detención y enjuiciamiento habían manipulado todo para que pareciera culpable.

El caso de Steven Avery es la trama de la exitosa serie *Making a murderer* (fabricando un asesino) de Netflix, pronta a estrenar su segunda temporada. La serie va de frente contra el sistema penal estadounidense, remeciendo la conciencia ética de un país en teoría orgulloso de su sistema de justicia.

¿Hasta qué punto la justicia puede ser manipulada por los encargados de administrarla? ¿Cuánta coerción puede darse en un interrogatorio policial? ¿Somos en verdad todos inocentes hasta que se demuestre lo contrario?

Cada episodio de la serie siembra más dudas que el anterior sobre estas interrogantes. Y revela cada uno de los errores de un sistema judicial que ha destrozado la vida de Avery y su familia, todos ellos blancos pobres y sin educación, la *working-class* de la América profunda.

Avery es inocente. Lo saben el público y los realizadores de la serie, pero personajes como el fiscal y los policías harán lo que esté a su alcance para regresarlo a la cárcel. Es lo que va documentando la serie capítulo tras capítulo. Y allí radica lo más aterrador; todo lo que vemos es real.

No he dejado de pensar en esta serie tras el reciente fallo de la Corte Suprema en el caso Luchsinger-Mackay. También daría para un programa de televisión. Un crimen de alto impacto público y sospechosos —como los miembros de la familia Tralcal— que incluso antes de ser llevados a juicio ya eran considerados culpables.

Lo eran para los dueños de fundo y descendientes de colonos que lo gritaban a coro en los noticieros. También para el gobierno (el anterior y el actual), para los fiscales del Ministerio Público y especialmente para la policía civil, los tres actores protagónicos de nuestro discriminatorio sistema de justicia.

Pero faltaban las pruebas. Faltaron durante largos años. Hasta que, de la noche a la mañana, aparecieron.

La confesión de José Peralino Huinca, obtenida por la PDI bajo apremios, manipulación y chantajes, como consta en el expediente judicial, permitió a las autoridades ratificar en tribunales una anticipada y racista condena pública.

Pocos recuerdan que un primer juicio oral absolvió a todos los acusados del crimen. Y que los jueces cuestionaron duramente la confesión de Peralino Huinca, por presentar "vicios de ilegalidad" y "contradicciones" flagrantes.

Se requirió un segundo juicio para —como me comentó un agricultor sureño— "poner por fin las cosas en su lugar".

En abril de 2018, Jerome Buting, el abogado defensor de Steven Avery, visitó Chile invitado por la Defensoría Penal Pública. Lo hizo para exponer sobre la presunción de inocencia y su vulneración por parte de los sistemas de justicia. Su visita coincidió con el fallo de la Corte Suprema y el escándalo tras la Operación Huracán.

"Me hace recordar *Making a murderer*, es parecido a lo que hicieron los detectives de Manitowoc plantando evidencias contra Steven", comentó Buting. "Una conducta tan fraudulenta por la policía solo exacerbará la fricción, lo que hará más difíciles las soluciones pacíficas al conflicto", reflexionó en entrevista con La Tercera.

Dieciocho años de cárcel dictaminó la Corte Suprema para José y Luis Tralcal en el caso Luchsinger, ambos reconocidos líderes mapuche de Padre Las Casas y quienes desde el primer minuto han alegado inocencia. Es la misma cantidad de años que estuvo tras las rejas Steven Avery en Estados Unidos por aquel crimen que jamás cometió. Me temo que las similitudes no terminan allí.

Memorias
Austral de Temuco, 11/noviembre/2018

Esta semana tuve el honor de inaugurar la XII Feria del Libro Usado organizada por la Universidad Mayor, un espacio lamentablemente único en su tipo en la ciudad de Temuco.

Cuesta creer aquello. Que en la capital de La Araucanía, el territorio cuna de Jorge Teillier, Miguel Arteche y Juvencio Valle, pero también el suelo que cobijó a Neruda y la Mistral, exista apenas una actividad dedicada a las letras, los libros y sus autores. Un solitario oasis de cultura a los pies del emblemático cerro Ñielol. Créanme que no es trivial mi comentario.

Vivimos, todos lo sabemos, en una región con evidentes fracturas históricas y un conflicto que se hereda de generación en generación. Un conflicto que no solo es territorial —de hectáreas más o hectáreas menos— o de seguridad pública —de un camión más o un camión menos— o de desarrollo social —de un subsidio más o un subsidio menos—. Es, ante todo, un conflicto cultural, un choque de relatos.

Una confrontación entre memorias.

De ello trató mi charla ante los asistentes a la Feria del Libro, de las memorias en pugna en La Araucanía y cómo, desde muy antiguo, las escrituras locales las han retratado sin que pareciera existir mayor diálogo y contacto entre ellas.

Una memoria es la mapuche, rebelde y antigua.

Esta memoria hunde sus raíces en nuestra historia oral. También en heridas que todavía sangran y en dolores que pese al paso del tiempo aún persisten. Hablamos de una memoria prolífica que ha parido en la región a notables escritores y poetas, desde Manuel Manquilef a comienzos del siglo XX a Elicura Chihuailaf y Leonel Lienlaf en los tiempos actuales.

Sin olvidar, por supuesto, al primer autor en retratar en la lengua de Castilla nuestra historia como pueblo, el soldado-poeta don Alonso de Ercilla y Zúñiga. Nuestra región le debe nada menos que su propio nombre: La Araucanía. No es poca cosa.

Otra memoria es aquella de los colonos europeos que hicieron de esta tierra su segunda patria una vez finalizada la guerra al mapuche. Es una memoria también antigua, porfiada, que jamás ha dejado de añorar su origen y que cultiva el recuerdo tanto como los fundos heredados de sus abuelos.

Españoles, franceses, italianos, suizos y alemanes, la variopinta migración europea que a fines del siglo XIX transformó el Wallmapu en una verdadera Torre de Babel. Y también, para ser honesto con la historia, en un violento Far West donde los buenos modales y la ética nunca fueron la norma.

Y existe una tercera memoria. Es aquella del colono chileno que llegó a la Frontera junto a las tropas del Ejército para dar vida a los nacientes poblados. Son los González, los Pérez y también los Machuca, los habitantes criollos de una región incorporada ochenta años tarde al Estado y cuya memoria poco tiene que ver con las anteriores.

No son "indios", porque aseguran descender de los españoles de la Colonia, y tampoco colonos, porque aquella categoría sería exclusiva del "patrón" con sus fundos, clubes sociales y apellidos raros. Son los chilenos a secas, los descendientes de peones, jornaleros y artesanos del valle central empujados hacia el sur por la pobreza. Ellos son los winkas, como los llamaba mi abuelo, muchas veces con indisimulado desprecio.

¿Con qué derecho los mapuche, que cultivamos la memoria con el mismo amor que nuestros campos, podríamos negar validez a estos otros dos relatos regionales?

No podemos. Y allí el gran desafío al que nos enfrentamos todos los escritores de La Araucanía, seamos mapuche o no, expliqué a los presentes en mi charla. Me refiero al desafío humanista, ético, democrático, de hacer que estas tres memorias dialoguen y se conozcan; lograr que estas tres memorias algún día se encuentren.

Ya va siendo hora de obrar juntos el milagro, les dije.

La confrontación y el desencuentro no pueden ser la única herencia a legar a nuestros hijos.

Un mapuche resiliente
Periódico Azkintuwe

A Francisco Llancaqueo se lo conoce por la televisión y el mundo de la moda. También por la farándula televisiva. Y es que, tras un autoexilio en Europa en la década de los ochenta, Llancaqueo se convirtió en uno de los mejores y más cotizados estilistas de Santiago. Del barrio alto de Santiago, valga la aclaración.

Desde entonces ha dedicado su vida a embellecer a modelos top, estrellas de televisión y a cuanta mujer y hombre ha pasado por sus manos. Pero no solo eso. En cine ha trabajado para varios reconocidos directores, entre ellos Andrés Wood, Sebastián Campos, León Errázuriz y Sebastián Silva.

En teatro fue responsable de diseñar los peinados de todas las creaciones teatrales del destacado dramaturgo Andrés Pérez, comenzando por la mítica Negra Ester. El cine y el teatro no eran mundos desconocidos para Llancaqueo: también cursó estudios de actuación en la Universidad de Chile previo al golpe militar y su posterior refugio en Barcelona.

Ahora, con la publicación de su exitoso libro *De lo bueno mucho. Autobiografía de un mapuche resiliente* (Catalonia, 2013), el estilista dio paso al escritor. Pero Llancaqueo tampoco es un aparecido en el mundo de las letras.

Por largos años fue colaborador del semanario The Clinic y el desaparecido diario La Nación. Llegó incluso a tener su propia columna en Diario Siete+7 dirigido por la destacada periodista Mónica González. Por si no bastara, también colaboró con Paula, principal revista femenina de Chile y en cuyo equipo inicial figuraba la escritora Isabel Allende.

Sus publicaciones en estos medios, cuenta Llancaqueo, fueron su inspiración para crear la obra de teatro *El hijo de la peluquera*, dirigida por la actriz Javiera Contador. En su extenso currículum se cuentan, además, colaboraciones para numerosas revistas papel cuché, participando en los equipos editoriales de Caras y Elle, entre otras publicaciones.

Pero pese a su vasta trayectoria como columnista de medios, *De lo bueno mucho...* es su primer libro. ¡Y vaya qué libro!

Cuenta que estuvo seis años trabajando en esta autobiografía, escribiendo con una caja de pañuelos desechables y un cojín. Los pañuelos, para las lágrimas que derramaba al revivir duros momentos de su vida; el cojín, para descargar la rabia que muchos recuerdos le generaban. Y en medio del dolor y la rabia, un diagnóstico de cáncer a la próstata.

Ya operado y en franca recuperación, tomó el cáncer como un llamado de atención; tenía que concluir su autobiografía.

A pocas semanas de su lanzamiento, la obra se convirtió en uno de los libros más vendidos en Chile en la categoría de no ficción. También permitió a sus lectores conocer al Llancaqueo mapuche, al hijo de una empleada doméstica del barrio alto, al niño discriminado en los sesenta por ser indio, gay y pobre. Y, pese a ello, un triunfador, como el mismo se define.

Conversamos con el peñi en Vitacura, en un café ubicado a pasos de la peluquería donde recibe a sus "pacientas".

Lo que sigue son sus lúcidas reflexiones en torno a la identidad, la discriminación racial y el ser mapuche en los tiempos actuales.

—*Francisco, tu libro trata sobre todo de la identidad, de la búsqueda de una pertenencia, del ser "che", persona. Háblanos de ello.*

—En relación a mi identidad mapuche, estas reflexiones parten en España y sobre todo tras mi regreso a Chile. Era un plus para mí en Europa. Todo el mundo, españoles, catalanes, tenía un interés enorme allá por mi cultura, por nuestra lengua. Era todo un personaje, pero no en el sentido de la curiosidad de zoológico, sino más bien de una valoración de lo que yo era y de mi origen. Ya supondrás que a mi regreso a Chile fue chocante el cambio. Acá, donde realmente debiera darse este reconocimiento, me encuentro con puras murallas, con puros obstáculos.

—*Imagino un choque cultural tremendo.*

—Lo fue. Acá ser mapuche, para atrás, y si podías esconder tu segundo apellido que era mapuche mucha gente lo hacía. Y la pasaban bien por la vida siendo solo Juan Pérez, sin su segundo apellido. Yo no culpo a las personas que hacían eso, al mapuche que sentía vergüenza de su origen, que aún los hay, porque yo entiendo lo que hay detrás. Fíjate en Marcelo Salas, siempre lo conocimos sin su segundo apellido Melinao, que es hermoso. ¡Yo que Marcelo me cambio el nombre y pongo Melinao primero! ¡Obvio!

—*¿Dónde crees que está el origen de aquel racismo histórico de la sociedad chilena con los mapuche y el resto de los pueblos originarios?*

—Yo estoy convencido de que es por un tema geográfico: tenemos desierto, la Patagonia con sus fiordos, el mar y la cordillera; somos en verdad una isla autorreferente, provinciana, temerosa de la diversidad y de todo aquello que sea distinto. Si a ello sumamos que los chilenos carecen de una verdadera identidad, de un quererse a sí mismos, el cóctel es intragable. El chileno, cuando está acá, mira para afuera, le gusta todo lo de afuera. Y cuando está fuera, mira nostálgicamente para acá. Eso tiene que ver con no saber qué o quién eres en definitiva. Es ser paria, tener una mente paria, un corazón paria. No tenemos, y aquí hablo también como chileno, la capacidad de identificarnos con nuestro verdadero origen, con nuestras raíces culturales. Y fíjate que el problema es Chile. Aquí al lado, en Perú mismo, es otra la visión que tienen de su identidad, cultura y origen. Los mexicanos ni hablar, orgullosos de su cuento indígena, de su mestizaje. Y yo insisto, esto obedece en Chile a un cuento geográfico, estamos encerrados en una isla. La chilena es una cultura muy extraña que a mí no me ha tocado ver en otros países. El chileno tiene poco mundo, es cierto que hoy se viaja más que antes, pero aun así el chileno promedio es pequeño, limitado. Me odian cuando yo digo esto, me doy cuenta de que la *gallá* se molesta.

—*¿Pero notas un cambio en los últimos años respecto de esta visión tan estrecha y, como tú dices, algo pueblerina que caracteriza a los chilenos? Hoy pareciera existir una ciudadanía mucho más empoderada en estos temas.*

—Sí, observo un cambio, eso es innegable. Yo creo que estamos siendo testigos de grandes cambios culturales, y puedo decir que desde la Revolución Pingüina en adelante algo comenzó a cambiar en Chile. Muchos no lo observan, pero yo creo que los jóvenes, las nuevas generaciones, son los que van a cambiar y están cambiando los códigos de este país. Yo tengo mucha fe en los jóvenes, ellos traen el cambio en el corazón, nosotros estamos ya bastante añejos, fracasamos como generación en la lucha por estos cambios; nos quedamos en la paja intelectual, en la revolución de café, grandes ideas, grandes conceptos y luego a seguir en la comodidad de nuestras vidas burguesas. Con una mano en el corazón, te reconozco que fuimos parte de una generación que no lo pudo hacer. Los cabros hoy traen un chip que nosotros no tenemos, y yo confío y creo que ellos son portadores de este cambio que necesitamos. Y en ese cambio, obvio que la mirada hacia los pueblos indígenas y hacia los mapuche debiese ser diferente. Yo lo veo en mis "pacientas" en la peluquería, yo veo el interés que ellas tienen preguntándome cosas, es real su interés en este personaje mapuche. Sí, yo me doy cuenta de que tienen otra mirada. ¡Ya era hora huevón!

—*¿Te gusta Chile?*

—Mira, me gusta Chile. También me gusta mucho viajar, estar fuera, pero siempre regresar es una bonita sensación. A pesar de todos sus defectos y las cosas que critico, me gusta este país. Tendría que ser un idiota para no darme cuenta de que detrás de muchas cosas que no me gustan existen intereses políticos, grupos de presión, etcétera.

—*Mapuche, gay y pobre. Podrías ser el niño símbolo de la discriminación en Chile pero en tu libro te plantas no desde la queja y el lamento, sino desde la parada de alguien que, rescatando lo bueno de la vida, logró triunfar. ¿Cómo sobrellevas la carga de no transformarte en un referente, en un símbolo, sobre todo de un pueblo mapuche carente de voces como la tuya?*

—Yo creo que todos los seres humanos estamos cumpliendo una misión acá. Soy súper consciente de que el pueblo mapuche es un pueblo sin voz, que no tiene mucha presencia en los medios y ante ello no puedo ser una voz para algunas cosas y esconder mi boca para otras. Si a mí me tocó por otros caminos llegar donde pude llegar, es un deber pronunciarme. Si yo no aprovecho las instancias que tengo para hablar de lo que sucede con nuestra gente no me sentiría bien conmigo mismo. No se trata de querer o no querer, se trata de un deber, Pedro, lo contrario sería ser un maricón.

Tiene que ver con la consecuencia, con ser leal contigo mismo. Y más que convertirme en un líder, que no es ni ha sido nunca mi intención, se trata de aprovechar cada espacio para pasar el aviso, para explicar que nuestros códigos culturales son otros, que nuestra cosmovisión es diferente, que la tierra, aquella por la que lucha nuestra gente en el sur, no es solo un medio de producción, también es memoria, espiritualidad, una forma de ver e interpretar el mundo. Y que este conflicto jamás se resolverá si no somos capaces de dialogar, chilenos y mapuche, de forma intercultural, reconociendo validez al otro, no negando su identidad y visión de las cosas.

—*Este cambio cultural que señalabas hace un rato, por dónde parte.*

—En la medida en que yo me pueda amar voy a ser amado. Ese es el orden de las cosas. En la medida en que yo sea un ser íntegro, desde esa integridad voy a ayudar a construir un mundo más íntegro. El cambio, siempre, parte por uno mismo. Puede muy bien existir una ley antidiscriminación y yo puedo estar muy de acuerdo con ella, pero le puede pasar a un chico hoy que su papá le diga: "Oye, no vayas a traer a ese Juanito Cayuqueo a la casa porque yo no quiero indios metidos aquí". Ahí es donde yo creo que la única posibilidad de cambio real es el cambio cultural que está asociado a su vez a cambios generacionales. La clave es amarse. Amarse a sí mismo para que los demás nos vean. Yo soy Francisco Llancaqueo y me amo, me encuentro la raja, mi cultura es la raja, y eso el otro, el winka, créeme que lo ve.

—*¿Y cuál es nuestra responsabilidad al respecto?*
—Tenemos la responsabilidad de cambiar esta imagen que tiene el chileno de nosotros. No hay otro camino. Yo no puedo esperar un cambio cultural si no cambio también yo mismo de actitud, si yo no me amo, si yo no estoy contento con la grandeza de mi ser mapuche, indígena, gringo, japonés, lo que sea. Es tan fuerte el medio que ha logrado opacarnos, pero cuando tú estás consciente de lo que significa ser mapuche te sientes más entero que otras personas. Si nos seguimos pajeando con lo que piensa el otro de nosotros no llegaremos a ningún lado. Si nosotros no somos enteros, dignos, orgullosos para enfrentarnos a la vida, así nos van a tratar. Debemos romper ese círculo vicioso. Eso fue lo que, sin darme cuenta, hice con mi vida y así se desprende de mi libro. El cuento es desde uno, no hay otro camino. Para ser reconocidos primero debemos reconocernos nosotros desde el corazón. ¿Cambios desde la cabeza? Sigue concursando. En la cabeza está el ego, el prejuicio, el miedo; nada que hacer desde allí. Los cambios debemos hacerlos desde el corazón, desde los afectos.

—*¿Eres optimista sobre este cambio?*
—Estamos viviendo un momento en que ya no hay respuestas en la política, ya no hay respuestas en la religión, menos cuando te enteras de que el cura de tu barrio se tiró a media docena de cabros chicos. La vida te está diciendo que todo en lo que creías, ese orden social, es insuficiente para responder las preguntas vitales. Esa crisis es parte del cambio que se está produciendo, cambio que aflora por una sociedad enferma.

Lo que está pasando hoy en el planeta es una locura. Y cada día mucha más gente señala no querer ser parte de esta locura, no querer ser parte de esta sociedad enferma. Hay un retorno a lo espiritual y están surgiendo movimientos potentes de paz, de luz. Mientras más activos estén esos movimientos, mucho mejor.

—*Sanar también desde la autoestima.*
—Fíjate que en muchos momentos de mi vida sentí que no te dejaban vivir como indígena, que no te valoraban ni respetaban, pero rompí ese círculo de la queja. Yo invito a todos mis hermanos y hermanas mapuche a romper ese círculo vicioso, a salir del lamento y decir: "¡Yo puedo! ¡Soy capaz!". Volver a querernos, esa es una gran tarea personal que tenemos los mapuche. Es súper cómodo culpar siempre a otros de lo que estamos viviendo, lo difícil es uno hacerse cargo.

Un antes, un después
La Tercera, 27/noviembre/2018

Han sido días de dolor en Wallmapu. Y de rabia y legítima indignación. El crimen policial de Camilo Catrillanca ha remecido muchas conciencias, impactado muchos corazones. Incluso más allá del mundo mapuche, como lo demuestran las marchas, cacerolazos y acciones de solidaridad, que van desde gestos de la selección chilena a homenajes de la Orquesta Sinfónica Nacional.

Repudio transversal y ciudadano ante un crimen que, siendo honestos, no concitó el mismo nivel de rechazo público en ocasiones anteriores. ¿Será que Chile está cambiando o todo se resume a que en esta ocasión es Piñera y no Bachelet quien gobierna? Quisiera creer que se trata de lo primero y no tanto de lo segundo.

En su faceta política, lo sucedido ha transparentado que no basta "el buenismo de Moreno" —como lo bautizó Carlos Peña en una reciente columna de El Mercurio— para resolver un conflicto histórico, ya centenario, en el que los intereses en juego son diversos y se trenzan de múltiples maneras.

Un ejemplo de ello es Luis Mayol, el renunciado intendente de La Araucanía. Fue jefe regional pero también portaestandarte del gremio agrícola sureño, acérrimo adversario de los mapuche y para quien nuestras luchas solo son inventos de comunistas reciclados en piqueteros étnicos. No son pocos en la región los que piensan como el ex mandamás de la Sociedad Nacional de Agricultura.

Los distingue una historia como inmigrantes europeos, posición social privilegiada y una adscripción política casi cultural a la derecha. Pero a cierta derecha; una todavía anclada a la propiedad de la tierra. Es la derecha de los dueños de fundo, de los patrones, de los futres, el propio Mayol uno de ellos.

Tras el crimen de Camilo Catrillanca, el gobierno debe asumir que hay un tipo de abordaje que hizo crisis. Me refiero a la estrategia de "cuerdas separadas", aquella del garrote y la zanahoria para hacer frente a la reivindicación mapuche. Diálogo por un lado, represión desatada por el otro. ¿Qué podría salir mal?

Siendo justos, esto último no ha sido invento de Piñera; es la forma en que todos los gobiernos, desde el retorno de la democracia, han enfrentado torpemente el conflicto. Lo nuevo bajo la actual administración ha sido el Comando Jungla, aquella locura represiva que hoy insisten en hacernos creer que jamás existió. Pues bien, este abordaje hizo crisis en Ercilla y debe llegar a su fin.

Pasa que se equivocan quienes piensan que la lucha mapuche es posible de combatir con carabineros y fiscales. No lo fue en los noventa, cuando estalla en Lumaco, y no lo ha sido en tres décadas de continua y porfiada rebeldía. Todo lo contrario, si algo ha demostrado la represión es que se trata de un camino absurdo, inconducente.

La represión no termina con la protesta, la multiplica. No trae paz a la región, la convulsiona. Retroalimenta además la violencia política mapuche, el weichán, que también existe.

Prueba de ello han sido las jornadas de protesta tras el crimen de Catrillanca. Más de cien acciones —en menos de una semana— que demuestran la incapacidad del gobierno para hacerle frente. Y es que no se controla con apaleos o calabozos la legítima indignación de un pueblo. Mucho menos sus ansias de libertad.

La vía represiva debe terminar.

También porque es incomprensible en la lógica cultural mapuche dialogar y establecer acuerdos con una contraparte estatal capaz de avalar el asesinato policial por la espalda. Ello quiebra cualquier confianza, dinamita cualquier acuerdo. Hay que estar ciego para no verlo. ¿Qué sucederá en las semanas y meses venideros?

El pueblo mapuche y sus diferentes organizaciones y liderazgos, muchas veces distanciados entre sí, tienen un gran desafío por delante: consensuar una agenda de futuro que permita avanzar en las demandas políticas de nuestro pueblo. Es algo que a ratos se olvida por la vorágine de los acontecimientos; se olvida el carácter político de esta lucha centenaria heredada de nuestros mayores.

Hablamos de un desafío mayor que trasciende por lejos lo contestatario, la protesta social o las acciones rurales de los Órganos de Resistencia Territorial (ORT). Implica atreverse a retomar una rica tradición política, olvidada desde que cedimos nuestra representación a partidos winkas y oenegés. Volver al weupin, al nütramkan y el koyagtun, los pilares de nuestra rica tradición política.

Sin embargo, en el actual escenario, es obligación del gobierno y no de los mapuche allanar el camino hacia una paz social con justicia. Es la tarea del ministro Moreno, quien hasta antes de la crisis aparecía evaluado como el segundo hombre más poderoso de La Moneda. Sorpresivamente por sobre el ministro Chadwick y otros personajes claves del gabinete.

Moreno debe demostrar que no es un invento y que lo suyo dista mucho del buenismo pueril retratado por Carlos Peña. Y que puesto en la encrucijada es capaz de rearmar un diálogo político boicoteado a balazos por el Ministerio del Interior y los efectivos del GOPE. Ello requerirá mucho más que la astucia del management. Por lo pronto, espalda y muñeca política. Y también coraje para hacer frente a los extremistas de su propio sector, que no son pocos.

El crimen de Catrillanca ha marcado necesariamente un antes y un después. Hoy a la "agenda institucional" mapuche, aquella que hace décadas demanda reconocimiento, participación política e inclusión en el Estado, La Moneda debe sumar la "agenda autonomista" mapuche. Es la que Temucuicui, la CAM y la Alianza Territorial Mapuche, entre otros referentes, impulsan hace años, en sintonía con la experiencia comparada y los pactos de Naciones Unidas.

Bueno sería que el ministro Moreno tome nota de sus proclamas y planteamientos. Sospecho que aprendería varias cosas. Una de ellas, que autonomía y libre determinación no son pretensiones extremistas. Significan, básicamente, profundizar la democracia y atreverse con el traspaso de competencias a los pueblos originarios.

En simple, que el Estado chileno nos saque de una buena vez las manos de encima, ser tratados como adultos y no como interdictos. Kizungünewün, diría mi abuelo.

El caso Catrillanca
Austral de Temuco, 9/diciembre/2018

La caída del general de Orden y Seguridad, Christian Franzani, a quien el ministro de Interior solicitó su renuncia, es el último episodio del llamado caso Catrillanca, un crimen policial que ya se transformó en crisis política para La Moneda.

Las dudas sobre si el alto oficial tuvo o no contacto directo con los efectivos del GOPE responsables del asesinato, así como la posibilidad cierta de que sea llamado a declarar en calidad de imputado por la justicia, precipitaron su salida. Pero hay otros factores todavía no transparentados ante la opinión pública.

Por un lado la urgente necesidad del gobierno de dar un golpe de autoridad al interior de Carabineros de Chile, ello en medio de un carnaval de chambonadas institucionales y que tienen al propio General Director Hermes Soto pendiendo de un hilo.

Hoy la institución vive una seria crisis de legitimidad y el vergonzoso listado va desde millonarios fraudes y vínculos con el narcotráfico, al encarcelamiento de dirigentes mapuche con pruebas falsas, como aconteció con la Operación Huracán.

Esto ha dejado en evidencia el escaso control del poder civil sobre la institución policial, una grave anomalía del sistema democrático que pareciera —sobre todo tras el caso Catrillanca— comenzar a preocupar en serio en La Moneda.

Prueba de ello sería el rol jugado por el ministro Andrés Chadwick en la salida del general Franzani, el segundo hombre fuerte del Alto Mando. El sorpresivo retiro del GOPE de las zonas de conflicto —incluido los miembros del polémico Comando Jungla— apuntaría también en la misma dirección: demostrar ante la opinión pública quién manda a quién.

Otro factor no transparentado es la necesidad del gobierno de retomar cuanto antes el control de una agenda que extravió por completo en Temucuicui.

Lo sucedido en Ercilla posibilitó además la rearticulación de una oposición política hasta entonces inexistente y que hoy —de manera bastante indecorosa en el caso del Partido Socialista— rasga vestiduras y exige medidas que ellos mismos siendo gobierno jamás tomaron. Allí están los casos de Álex Lemún, Matías Catrileo y Jaime Mendoza Collío para demostrarlo.

El costo político del caso Catrillanca ya se hace notar incluso en los sondeos de opinión pública. Tanto las entregas semanales de Cadem como el sondeo mensual de Adimark dan cuenta de una baja sostenida en la aprobación del mandatario.

Esto vino a ser ratificado por la encuesta CEP publicada el pasado viernes: un escuálido 37% de aprobación, una cifra de-soladora. Es sabido que ningún gobierno puede hacer oídos sordos de las encuestas. Mucho menos un presidente que ha buscado por años el esquivo aplauso popular.

Pocas coyunturas relacionadas con el conflicto Estado-pueblo mapuche han golpeado tanto a un gobierno como el caso Catrillanca a la derecha. Hasta ahora, el conflicto nunca se había instalado como prioridad política en Santiago. Acontecía en el lejano sur y por ello siempre resultó más cómodo administrarlo que resolverlo. Ello explica el rol protagónico de Carabineros y el Ministerio Público en su abordaje.

Por otro lado, y siendo honestos, la causa mapuche jamás concitó en la sociedad chilena un alto grado de simpatía o adhesión popular. Primó siempre una mirada paternalista y cuando no despectiva con los "indios quemacamiones" y sus recurrentes conflictos en el sur.

Esto último pareciera estar cambiando y responsable de ello son las nuevas generaciones, adolescentes y jóvenes que de a poco comienzan a dibujar un nuevo Chile. Lo demuestra el caso Catrillanca. Marchas multitudinarias, emotivas velatones, cacerolazos, paros universitarios, todo un repertorio de acciones de solidaridad que han copado por semanas los medios.

Son ellos quienes han transformado a Camilo Catrillanca en un símbolo nacional de justicia y dignidad. Y propinado a Piñera un cierre de fin de año bastante amargo.

Los políticos
La Tercera, 25/diciembre/2018

Nadie duda a estas alturas que Carabineros de Chile vive una crisis de severas proporciones. Actos ilícitos como el megafraude, los montajes de la Operación Huracán, el tráfico de armas a bandas del narcotráfico y el uso de fuerza letal contra civiles son síntomas de una podredumbre institucional, orgánica y doctrinaria ya imposible de ocultar.

El fallido conato de insubordinación del general Hermes Soto ante La Moneda y la soterrada disputa de poder en el Alto Mando solo nos confirman un cuadro desolador: Carabineros definitivamente tocó fondo. Pero la responsabilidad no es solo de la institución.

El mismo poder político que hoy rasga vestiduras por el descontrol y la crisis tiene varias velas en este entierro. Por acción u omisión, han sido los sucesivos gobiernos —tanto de derecha como de centroizquierda— los que allanaron el camino para la actual debacle.

Son ellos los que desde el fin de la dictadura militar permitieron que la institución se gobernase prácticamente a sí misma, con reglas propias e inmune al control del poder civil. Por desidia, negligencia o temor, la clase política es otra de las grandes responsables.

En este punto resulta casi un chiste cruel que uno de los principales defensores de la autonomía de Carabineros haya sido por largos años el entonces senador Andrés Chadwick, actual ministro del Interior y uno de los principales damnificados políticos en el actual escenario.

Fue el propio Chadwick quien a regañadientes negoció el año 2004 el "decreto fundado" que hoy el presidente Piñera se vio obligado a enviar al Congreso para remover al general Hermes Soto. Cría cuervos y te sacarán los ojos, reza el dicho popular.

Este poder civil —"los políticos", como diría mi madre de manera genuinamente despectiva— es el mismo que ha entregado a una institución enferma el abordaje del conflicto histórico en Wallmapu, uno que requiere más y mejor política, no más y mejor armamento de guerra o calabozos.

He allí un aspecto clave de la actual crisis de Carabineros y del conflicto en las regiones del sur; la responsabilidad de la clase política en nuestro paulatino tránsito hacia al despeñadero. De ello trata la renuncia que se exige del ministro Chadwick, el máximo responsable de la seguridad pública en el país.

Y es que tras el caso Catrillanca no solo existen responsabilidades penales y de mando en las filas de la institución uniformada. También existe la llamada responsabilidad política, solamente hecha efectiva hasta el momento con la salida del ex intendente de La Araucanía, Luis Mayol, cuyas torpezas comunicacionales sellaron su destino.

Hay quienes proponen refundar Carabineros, incluso con cambio de nombre, tal como se hizo en 2008 con la vieja Policía de Investigaciones de Chile, la actual y renovada PDI. Una idea para nada descabellada. Cual sea la salida a la crisis —refundación, intervención o reformas—, hay algo que nadie discute a estas alturas: se requiere un mayor control del poder civil sobre Carabineros.

Ello debiera volver obligatoria la responsabilidad política de los civiles en la cadena de mando. Pasa que enviar uniformados al choque y luego desentenderse de las consecuencias no debiera salir tan barato a los políticos.

La otra historia secreta
Revista Caras, 21/diciembre/2018

"Nadie puede pretender resolver en pocos meses un problema que tiene siglos". Con esta frase, Alfredo Moreno, ministro de Desarrollo Social, resumió en entrevista con El Mercurio lo complejo del conflicto en las regiones del sur. Aquella es la creencia generalizada entre los chilenos y gran parte de la clase política: que el conflicto se arrastra por largos siglos, desde la Colonia. Que partió con Diego de Almagro y Pedro de Valdivia, poco menos.

¿Sospechará el ministro que hace poco más de un siglo los mapuche éramos una nación independiente, rica y próspera, con tratados diplomáticos vigentes con las repúblicas y límites territoriales que se extendían del Pacífico al Atlántico?

Hacia 1860, los mapuche éramos dueños desde el sur de la provincia de Buenos Aires a la costa de la actual provincia de Arauco. Un gigantesco territorio en manos de una descentralizada confederación de clanes y linajes territoriales.

El sur de Chile y Argentina, el Wallmapu de nuestros bisabuelos, fue por siglos nuestro territorio. Allí cabalgaron nuestros ancestros e hicieron fortuna arreando miles de cabezas de ganado hacia ambos lados de la cordillera. De Puelmapu, la tierra mapuche del este, a Gulumapu, la tierra mapuche del oeste.

Las vacas y los caballos fueron introducidos por los españoles. Dispersos por el Wallmapu se multiplicaron de manera casi infinita, siendo tempranamente incorporados por los mapuche como alimento y moneda de intercambio.

De allí viene kulliñ, palabra mapuche que hoy se traduce comúnmente como plata o dinero. Su real significado no es otro que "animal" y durante siglos hizo referencia a nuestra principal moneda: vacas, caballos y ovejas, los kulliñ más cotizados de nuestro sistema económico. También éramos una refinada sociedad de caballeros; es decir, de hombres y mujeres a caballo.

"Cada indio poseía su caballo sobre el cual pasaba una buena parte de su tiempo. No se concebía la calidad de jefe y de rico de un lonko si no contaba en sus posesiones por docenas o centenares las yeguas y los caballos, que le servían para la guerra, la alimentación y los negocios", relata el historiador Tomás Guevara.

Al igual que para los guerreros mongoles, el caballo para el mapuche lo era prácticamente todo: alimento, transporte, armadura, poder, prestigio social y —en caso de muerte— una montura para viajar al Wenumapu, el cosmos azul de nuestros mayores.

La importancia del caballo llevó a algunos académicos a plantear la existencia de un complejo ecuestre entre los mapuche, similar al observado en las tribus de las llanuras norteamericanas. Y es que resultan innegables las transformaciones que el caballo produjo en la cultura e identidad de nuestro pueblo. Nos definen hasta hoy.

En la vestimenta (aparición de la bota de potro y la chiripa), en el armamento (adopción de la lanza y las boleadoras, en detrimento del arco y la flecha), en el comercio (arreo y crianza de animales, desarrollo de la orfebrería ecuestre, la cacería), en el transporte (los viajeros-nampulkafe, la vida en las tolderías), en la estructura social (surgimiento de castas de guerreros y de hombres ricos, ülmen) y, por supuesto, en la cosmovisión (ritos religiosos y funerarios).

Tal es parte del rico legado de nuestra cultura ecuestre, desconocida para tantos en nuestros días y que por largos siglos fue pieza clave de nuestra supremacía militar frente a los hispanos. Pasa que el conflicto actual nada tiene que ver con la corona española, ministro Moreno.

Tras un fiero contacto inicial, la diplomacia de las armas y el comercio fueron la norma, ello durante tres largos siglos. La llamada Guerra de Arauco disminuyó notablemente en intensidad a partir de 1641. Aquel año se firmaron las paces en el Parlamento de Quillín y se reconoció al río Biobío como frontera entre los mapuche y el Reino de Chile.

Muertos en batalla dos gobernadores —único caso en América— y destruidas en Curalaba (1598) las siete ciudades al sur del Biobío, más de treinta parlamentos regularon una convivencia que posibilitó una verdadera época dorada. Allí floreció el arte de nuestra orfebrería y la bella manufactura de nuestros textiles.

Hablamos también de una revolución cultural que implicó despedirse de viejas prácticas. La agricultura, por ejemplo, se volvió un trabajo doméstico y de escaso prestigio social.

Aquello fue observado con escándalo por historiadores y cronistas: mujeres mapuche trabajando la tierra y hombres dedicados —orgullosamente— a la guerra, los negocios y la política. La sociedad española, eminentemente agrícola en el valle central, jamás pudo comprender este desprecio cultural mapuche por granjeros y labradores. Allí nace el mote de "mapuche flojo".

Tras la independencia de Chile el prejuicio se extendió entre poderosos hacendados, ansiosos por barrer con los indios dueños de tan fértiles campos. Sorprende lo actual de aquella idea entre los chilenos. Es recurrente oírla en Temuco entre dueños de fundo, líderes políticos y ciudadanos de a pie. Los mapuche "flojos y borrachos". Y hoy por añadidura "terroristas y violentos".

Si el conflicto nada tiene que ver con los españoles, ¿de qué trata entonces lo que acontece en el sur? Trata de aquel pueblo mapuche del cual les he contado y que a fines del siglo XIX —por medio de una guerra que a nadie le enseñan en el colegio— fue despojado de su territorio por las repúblicas de Chile y Argentina.

No hablamos de tantos siglos atrás. Hablamos de fines del siglo XIX, década de 1880, tiempo de mi tatarabuelo materno, el cacique Luis Millaqueo, de Ragñintuleufu. Él nació en un Wallmapu libre y murió viendo cómo su país era invadido por los winkas y rematado al mejor postor. Allí y no en la Colonia surge el conflicto.

De allí el reclamo y las controversias que persisten. Y las muertes de lado y lado que cada tanto nos golpean y entristecen. Resulta imposible volver el tiempo atrás, pero conocer esta historia puede que nos permita saber por dónde explorar posibles soluciones.

España supo parlamentar tres siglos con los mapuche. La República de Chile también lo hizo alguna vez. Aconteció en 1825 en el Parlamento de Tapihue, en las cercanías del actual Yumbel. Allí el gobierno del general Ramón Freire reconoció —ni más, ni menos— nuestras propias jefaturas y autonomía territorial.

El 2025 se cumplirán doscientos años de aquel solemne acuerdo entre dos naciones soberanas y que más tarde fue traicionado por Chile. ¿Y qué tal si volvemos, chilenos y mapuche, a parlamentar en Tapihue? Puede que sea allí, y no en los violentos operativos del GOPE, donde encontremos la paz.

Incendios en Wallmapu
La Tercera, 25/febrero/2019

Ya es toda una caricatura. Asociar incendios y mapuche. Hay hasta bromas al respecto, chistes que más de uno ha debido enfrentar estoico en cenas familiares, juntas con amigos o en algún show capitalino de *stand-up comedy*.

El racismo, dicen los estudiosos, adquiere múltiples formas. El humor es una de ellas. Algunos dicen que lo fomenta. En lo personal no lo creo. Para mí, el humor lo expone y ridiculiza ante la sociedad. Y también problematiza si el artista es talentoso y lúcido de verdad. Eso siempre se agradece.

Pero una cosa son los comediantes —cuya libertad para reírse de todo y de todos es un buen estándar de madurez democrática— y otra muy distinta las autoridades de gobierno.

Allí tenemos en Chile un serio problema. Porque atribuir conductas a un grupo étnico es la definición clásica de racismo. Más aún si trata de conductas delictivas. Y las autoridades lo hacen con nosotros con demasiada frecuencia. Aquello, créanme, nada tiene de gracioso.

El caso más reciente fue el subsecretario del Interior, Rodrigo Ubilla. Este, al hacer un balance de las últimas emergencias en Chile, no dudó en asociar los incendios en la Región de La Araucanía a la "causa mapuche". Lo dijo en La Tercera tras ser consultado por los dichos de otra autoridad, el alcalde de Temuco, Miguel Becker.

Este último había responsabilizado a "delincuentes terroristas" de la seguidilla de incendios en la región. Donde Becker dice "terroristas" léase más bien "mapuche". Allí otra relación bastante retorcida y habitual de oír a las autoridades. Aquella que relaciona mapuche = terrorismo.

Lo de Miguel Becker no es nuevo. Solo contar que se ha negado por años al izamiento oficial de la bandera mapuche en la comuna de Temuco. Lo hacen municipios de todo Chile, incluidos los balnearios de Pucón y Villarrica. También la vecina Padre Las Casas, cruzando el río Cautín. Pero con la porfía de Becker no hay caso.

La suya es un tipo de conducta recurrente. No por ser descendiente de alemanes, aclaro. Aquello sería un comentario racista de mi parte. Lo suyo es simplemente ignorancia. Y una buena dosis de tontera. Lo terrible es que se trataría de una enfermedad en apariencia contagiosa.

"En la Región de La Araucanía sí hay terrorismo y los que lo quieran negar están tratando de tapar el sol con un dedo", señaló con tono severo el presidente Sebastián Piñera en su reciente visita a la región, también a propósito de los incendios forestales.

Contarle al mandatario que lo niega incluso el Fiscal Nacional, Jorge Abbott. También los ministros de la Corte Suprema, de la Corte de Apelaciones de Temuco y una mayoría de jueces sureños que tramitan causas relacionadas con el conflicto. Supondremos entonces que ninguno sabe de leyes ni de tipificación de delitos.

Las declaraciones de Piñera tuvieron como escenario un sector rural de Carahue devastado por el fuego. Buscaban, indudablemente, reafirmar lo antes dicho por Becker y Ubilla. El "mono", como se conoce en jerga televisiva la imagen del momento, buscaba lo mismo: potenciar un imaginario cuando menos apocalíptico.

Mapuche, terrorismo e incendios. Aquella fue la tríada a subrayar en la previa de su polémico viaje a Cúcuta.

Carahue ejerce una extraña fascinación en los gobiernos de derecha. En 2012, tras una trágica temporada veraniega de incendios, siete brigadistas forestales perdieron la vida combatiendo las llamas. Hasta allí llegó el entonces ministro del Interior, Rodrigo Hinzpeter, para querellarse por ley antiterrorista contra los responsables.

Según Hinzpeter, los culpables de la tragedia eran los "violentistas" de la Coordinadora Arauco-Malleco. Me tocó también viajar y reportear el caso. Y constatar la sorpresa de los carahuinos ante una hipótesis oficial tan prejuiciosa como descabellada.

No fui el único que investigó lo sucedido. Un equipo de periodistas, estudiantes de comunicación y docentes de la Universidad de La Frontera se sumergió a fondo en la tragedia. Y sus conclusiones, en concordancia con la investigación judicial, fueron lapidarias.

Tras el incendio no estaba la CAM, más bien el negocio del monocultivo forestal, la desidia del Estado con su penoso sistema de emergencias y la precariedad laboral de los brigadistas, verdaderos "temporeros" del fuego. Todo ello lo cuentan en el libro *Vidas de papel*, publicado en 2014. Lo recomiendo a todos, incluido al presidente Piñera.

A propósito de libros e incendios en el sur. Por estos días estoy leyendo las memorias del general Estanislao del Canto, héroe de la Guerra del Pacífico y quien, siendo un joven oficial, sirvió bajo el mando de Cornelio Saavedra.

Catorce años estuvo en Wallmapu participando de campañas que no duda en calificar de "inhumanas y rudas", evocando los días en que partían al interior de las selvas y reductos mapuche mientras sus jefes les daban fósforos a los soldados, obligándolos a prender fuego a las rucas, bosques y sembradíos.

"Más de una vez ante aquella crueldad e injusticia estuve tentado a pasarme al lado de los araucanos y hacerme solidario con ellos en su defensa de la tierra y de sus derechos que nosotros les íbamos a arrebatar", comenta el general triunfador de la Guerra Civil del año 1891. Emotivo y honesto el testimonio del militar.

Pasa que el territorio mapuche sabe de incendios. Y nosotros, sus primeros habitantes, también. En tiempos de la "Pacificación" nuestros bisabuelos y bisabuelas los sufrieron en carne propia.

El comunero Ubilla
La Tercera, 11/marzo/2019

Como todos me desayuné con la noticia, aquella de las tierras que el subsecretario del Interior, Rodrigo Ubilla, compró en las cercanías de Pucón y que lo tienen, cada verano, descansando en medio de una comunidad mapuche.

Se trata de dos terrenos de 5 mil metros cuadrados, adquiridos a cambio de 11 millones de pesos a la viuda de un miembro de la comunidad Mariano Millahual, de Quetroleufu. El pequeño detalle es que la ley prohíbe la venta de tierras mapuche a no indígenas. Es así desde 1874 e incluso antes.

Por eso ardió Troya. Y si bien el director (s) de la Conadi, Fernando Sáenz, respaldó a Ubilla —"fue una compra legal entre particulares", esgrimió convencido—, lo suyo fue más compadrazgo político que fiscalización. Sucede que la irregularidad existe y así lo subrayaron los consejeros indígenas del mismo organismo estatal. Estos ya anunciaron una comisión investigadora en el Congreso.

El caso tiene todo para seguir escalando.

Que se trató de un negocio legal con una persona no indígena, que la hectárea en cuestión había sido subdividida en dictadura, que el apellido del subsecretario sería en verdad uficha (oveja, en mapuzugun) y fue mal inscrito en el Registro Civil, son algunas de las justificaciones que han circulado por los medios. Bueno, la última no, es un chiste que tomé prestado de las redes sociales. Aquí les va otro: el responsable de la represión estatal a los mapuche hoy dueño de tierras mapuche. El chiste se cuenta solo.

Es algo que pocos comentan. Que a Ubilla lo denunciaron los propios mapuche de Quetroleufu. Los afectó la forma en que el subsecretario, su vecino desde 2009, relacionó la reciente ola de incendios forestales con la "causa mapuche". Les pareció gratuito, agresivo e incluso racista. Hasta de mal agradecido lo trató en los noticieros una vecina del sector, indignada.

Es algo que las autoridades —siempre tan metropolitanas— nunca han logrado calibrar. Hablo de la solidaridad existente entre los mapuche más allá de colores políticos o coordenadas geográficas. Pucón lejos está de Temucuicui y otras zonas de conflicto. Pero una misma identidad étnica nos hermana a los mapuche de costa a cordillera. De ello trata ser una nación.

Retomando el punto, el argumento de la subdivisión en dictadura es, por lejos, el más débil de todos.

Si bien Pinochet buscaba que las tierras ingresaran al mercado, fue tal la resistencia mapuche a la medida que se estableció una prohibición de venta por veinte años. Por si no bastara, en 1993 se legisló la ley indígena que derogó lo obrado en dictadura y repuso la prohibición total. Es algo que ha caracterizado todas las leyes sobre tierras indígenas desde fines del siglo XIX; su protección frente a los abusos y el acaparamiento de los winkas.

¿Cómo logró, entonces, Rodrigo Ubilla comprar esas tierras en la zona lacustre? ¿Cómo logró la propietaria, viuda de un mapuche, vender?

Lo triste de esta historia es que existe una serie de mecanismos para burlar la ley indígena y sus prohibiciones. Acontece a diario en zonas de alto interés turístico e inmobiliario, como Pucón y Villarrica. El más común fue por años el arrendamiento por 99 años, toda una institución en Wallmapu. Luego la infinita creatividad de los abogados ha dado con nuevos subterfugios. ¿Cuál se usó en este caso? Corresponderá a los tribunales de justicia dilucidarlo.

Durante la mal llamada "Pacificación" llegaron a La Araucanía personajes que eran especialistas en estas jugarretas. Hablo de los tinterillos, "personajes de frontera más peligrosos que la araña del trigo", según los describió un lúcido cronista de aquellos años.

Ellos eran los encargados de los negocios truchos y su actuar derivó en fuente inagotable de litigios y reyertas. Lo cuenta en sus memorias el militar y abogado José Miguel Varela, el protagonista del *best seller Un veterano de tres guerras*. Con los años desaparecieron los tinterillos pero no las "tinterilladas". Es algo que todos saben en el sur; hecha la ley, hecha la trampa.

Un símbolo nacional mapuche
Periódico Azkintuwe

Víctor Naguil Gómez es un destacado intelectual y dirigente mapuche. Profesor de Historia y doctor en Ciencias Políticas de la Universidad Autónoma de Barcelona, en la década de los noventa dirigió el Centro de Estudios Mapuche Liwen de Temuco, una de las canteras más prolíficas de nuestro pensamiento político contemporáneo.

El año 2005 fue uno de los fundadores del partido mapuche Wallmapuwen, desempeñándose varios años como su encargado de relaciones internacionales. En dicho papel, estrechó los lazos de su colectividad con diversas fuerzas políticas de naciones sin Estado, principalmente en Europa.

De todos ellos, cuenta, logró rescatar enseñanzas para el quehacer político mapuche en Chile. Una de ellas, la suma importancia de los símbolos de identidad nacional en las luchas impulsadas por pueblos como el vasco, bretón y catalán.

Naguil es de los que asumen de manera natural el emblema creado por la organización Consejo de Todas las Tierras el año 1992. Fuera de toda polémica artificial, para él se trata sin lugar a duda de la bandera oficial del pueblo mapuche.

Así lo plasmó su propio partido el año 2005 en sus bases programáticas. Allí Wallmapuwen subraya que "reconoce la Wenufoye como Bandera y Emblema Nacional del Wallmapu, asumiendo el compromiso de abogar por su uso masivo, así como promover su reconocimiento oficial y su uso en todos los espacios públicos del País Mapuche".

"Muchas experiencias en el mundo nos muestran cómo el reconocimiento de los símbolos nacionales de un pueblo va de la mano de la conquista de sus derechos nacionales", comenta Naguil en la presente entrevista realizada en Temuco.

Recientemente un dictamen de la Contraloría General de la República autorizó a los municipios el izamiento oficial de la bandera mapuche. Lo resuelto, reconoce Naguil, pone sobre el tapete un tema central en la lucha del pueblo mapuche; aquel referido a sus propios emblemas nacionales.

—¿*En qué radica para usted peñi la importancia del izamiento de nuestra bandera en recintos públicos?*

—Pienso que es un hecho político positivo. Más allá de establecer que izar la bandera mapuche en los edificios públicos no constituye técnicamente ninguna contradicción o falta reglamentaria, desmonta cualquier intento administrativo por negarle espacios públicos a un símbolo propio de nuestro pueblo. Creo que esto obligará a muchas organizaciones mapuche a definirse puesto que, cualquiera sea la posición de las autoridades chilenas al respecto, es nuestra responsabilidad que la bandera mapuche ocupe los espacios públicos si queremos que en verdad cumpla el papel de un símbolo nacional. Creo que es fundamental ejercer el derecho de instalar nuestros símbolos en las instituciones públicas de nuestro país, el Wallmapu.

—*El partido mapuche asumió desde su fundación en 2005 la bandera creada el año 1992. Fue una de las primeras organizaciones en hacerlo de manera pública y oficial.*

—Lo hicimos porque compartimos la idea central de dotarnos como nación de una bandera nacional. El símbolo "bandera" no es para nada ajeno a la sociedad mapuche; de hecho, es central en nuestras ceremonias rituales. Pero, evidentemente, esas banderas, que pueden llegar a ser miles con distintos diseños, colores y significados, no tienen el papel político nacional que busca representar la bandera mapuche creada hace ya dos décadas por el Consejo de Todas las Tierras.

Esta bandera tiene el gran mérito de ser la única que existe con el carácter de emblema nacional, de haber sido adoptada como tal por una gran cantidad de comunidades mapuche y de ser claramente reconocida, tanto por la población mapuche como winka, como "la bandera mapuche". Hay que considerar además que se trata del único emblema nacional nuestro que se utiliza tanto en Gulumapu (Chile) como en Puelmapu (Argentina), lo que refuerza su legitimidad.

—*¿No se plantearon crear otro emblema?*

—No, en verdad nos pareció un acto de madurez política de nuestra parte respaldar la existencia de esta bandera y no crear otra o apoyar alguna que pudiera surgir más adelante. Desde el principio figura en nuestros estatutos el reconocimiento de la Wenufoye, la que hemos promovido utilizándola en nuestras actividades públicas e integrándola a nuestra propia identidad como partido. Es una definición que esperamos y nos gustaría hicieran explícita todas las organizaciones mapuche existentes: estar a favor de una bandera mapuche es estar a favor de aquella que existe. Hay que tener una visión nacional, como pueblo.

—¿*Qué tan importantes resultan estos símbolos?*
—La lucha nacional, como toda lucha política, tiene muchas dimensiones. En algunos momentos predomina el combate por los derechos económicos y sociales, en otro puede ser la defensa de la lengua propia o bien la lucha electoral. La lucha simbólica cumple un papel importante, incluso para un pueblo que, como el nuestro, ha sido despojado materialmente y que por lo mismo está confrontado a una infinidad de problemas que pueden parecer más urgentes y decisivos. Ese papel es más importante aún si se trata de símbolos nacionales. Para una nación como la nuestra, a la que se le niega su existencia como tal y se busca criminalizar sus derechos, nuestros símbolos nacionales contribuyen a decir día a día que existimos. Por eso hemos promovido también a nivel internacional la bandera como emblema, presentándola en cada evento en que hemos participado y obsequiándola a nuestros aliados políticos, siendo recibida siempre con respeto y cariño.

—*Otros pueblos como el palestino, vasco y sami cuentan con sus propias banderas reconocidas oficialmente por los Estados. ¿Se debería avanzar en Chile hacia ese tipo de reconocimiento estatal?*
—Desde luego que debemos avanzar y estoy convencido de que ese día llegará; la lucha mapuche no tiene vuelta atrás y nuestros símbolos nacionales así como nuestros derechos tendrán el lugar que corresponde. Muchas experiencias en el mundo nos muestran cómo el reconocimiento de los símbolos nacionales de un pueblo va de la mano de la conquista de sus derechos nacionales. Los Estados implicados no han tenido más que asumir esos derechos por la fuerza de estos y la voluntad de pueblos que han decidido dejar de ser determinados por otros y autodeterminarse. Los ejemplos que mencionas tienen distintas historias y contextos pero un mismo fondo nacional. La bandera vasca fue creada en 1894, reconocida por el gobierno vasco en 1936, y reprimida como casi todo lo vasco durante el franquismo. Sin embargo, fue oficializada en 1979 con la promulgación del estatuto de autonomía.

—*Un proceso similar a los inuit de Groenlandia.*
—En Groenlandia ya en 1973 se planteó la reivindicación de una bandera propia por parte del movimiento nacionalista inuit, tema que cobró mayor importancia con el acceso a la autonomía en 1978. La actual bandera de Groenlandia fue adoptada oficialmente el 21 de junio de 1985. Un caso similar fue el de la bandera del pueblo sami en los países nórdicos, adoptada en 1986 por el Consejo Sami. Hoy en día esta bandera es reconocida por toda la población sami pese a su división en cuatro

Estados; ella es sin duda un símbolo nacional que contribuye a exteriorizar su unidad como pueblo pese a las fronteras impuestas por los Estados.

La bandera palestina se origina a principios del siglo XX, pero es en 1964 que la Organización para la Liberación de Palestina (OLP) declaró esta bandera como símbolo de la Palestina, durante la celebración de la Conferencia Palestina de Jerusalén. El 15 de noviembre de 1988 fue proclamada por la OLP como la bandera del Estado de Palestina.

Estas cortas referencias dan cuenta de que los movimientos nacionales son los que contribuyen de modo decisivo en la conciencia nacional de un pueblo; los símbolos exteriorizan y sintetizan esa conciencia y voluntad de ser. Los Estados, unos con más disposición que otros, han debido aceptar esta realidad. Es lo mismo para nosotros.

—*¿Qué medidas deberían adoptarse para lograr que la bandera mapuche sea utilizada efectivamente en todas las reparticiones públicas?*

—Yo precisaría diciendo que se ice en todas las reparticiones públicas de Wallmapu; es decir, en nuestro territorio histórico. Creo que dónde y cuándo se ice la bandera de modo oficial son dos cuestiones con las cuales tenemos que tener cuidado y hacer definiciones. La bandera nacional mapuche, la Wenufoye, debe serlo para el pueblo mapuche y el país mapuche. No puede transformarse en un símbolo nacional chileno. Nuestra bandera flameando en La Moneda, en el Morro de Arica o el Fuerte Bulnes constituiría un intento directo de "chilenización" del símbolo. Así mismo creo que no debe ser expuesta en ceremonias como del 18 de Septiembre o en los desfiles de homenaje a las fuerzas armadas o a las denominadas "Glorias del Ejército". Un mayor compromiso de las organizaciones y sus militantes para afianzar más la actual bandera mapuche debe ir acompañado del tino necesario para que no sea utilizada para la desnacionalización mapuche.

—*Pero incluso en Wallmapu hay rechazos. Uno de ellos ocurre en la alcaldía de Temuco, que se niega a su izamiento.*

—Hay que decir que poner nuestra bandera nacional en las instituciones públicas del País Mapuche no tiene por qué ser traumático para nadie. Es algo normal, e incluso esperaría que muchos representantes mapuche que están en los municipios, ya sea como alcaldes o concejales, puedan comprometerse con su promoción. Creo además que se abre la oportunidad de declarar el 6 de octubre como el Día de la Bandera Nacional Mapuche. Esta es una iniciativa que hemos acordado como partido. Aquella es la fecha en que fue presentada públicamente el año 1992. Si recordamos la bandera en esa fecha, recordaremos también que surgió bajo una fuerte represión contra el movimiento mapuche, que pasado los años lo justo de nuestra lucha se ha hecho más patente, mientras la opresión y negación se hacen más absurdas.

—*A propósito de negación. ¿Qué piensa sobre la reacción negativa del historiador Sergio Villalobos sobre la bandera mapuche?*
—Hace bastante tiempo que Villalobos no se expresa como historiador sino como ideólogo, sobre todo en lo que respecta al tema mapuche. Él señaló que izar nuestra bandera es una cosa indignante y una barbaridad histórica, que se contrapone a la "tendencia histórica" que llevaría a "que haya una sola ley, una sola bandera". Lo que él hace en realidad, tras el ropaje de historiador, es una defensa ideológica del modelo centralista chileno y negar la existencia del pueblo mapuche. Este modelo se apoya, por un lado, en la propia experiencia histórica del Estado colonial español, y por otro en una ideología centralista y asimilacionista que tiene sus orígenes en Europa en el siglo XVIII, para la cual Estado-nación quiere decir Estado unitario centralizado con una población uniforme desde el punto de vista lingüístico y cultural. Yo me pregunto: ¿Es acaso ese tipo de Estado el que corresponde mejor, en este siglo XXI, a "la tendencia histórica"?

—*Es la defensa del viejo Estado-nación del siglo XIX.*
—Una defensa reaccionaria y pertenece al pasado. Si miramos el mundo tal como se presenta hoy, más allá de las estrechas fronteras estado-nacionales de Chile, constatamos, por el contrario, que una tendencia fuerte a nivel mundial, y predominante en los países democráticos, son los progresos en la descentralización de los Estados y en el respeto de las diferencias lingüísticas y culturales. La España democrática de hoy es un Estado de autonomías, y el euskera, catalán y gallego son lenguas oficiales y de enseñanza en sus respectivos territorios. ¿Es esto "una cosa indignante y una barbaridad histórica"?

Los mapuche ya hemos estado en el País Vasco, Catalunya, Galicia, Bretaña, País de Gales, en fin, y en todas partes hemos podido ver las banderas propias de cada país en todos los edificios públicos del territorio concernido. Y es lo mismo en casi toda Europa. Nadie se indigna por ello, salvo, claro, en España unos cuantos nostálgicos del franquismo.

—*¿Qué responde frente a aquellos que desde una posición culturalista critican la adopción de símbolos como una bandera? Los catalogan de "símbolos winkas".*
—Esa es una visión conservadora y que con el tiempo se vuelve reaccionaria. Les guste o no a quienes quisieran vernos como objetos de

museo o reliquias del pasado, reivindicando nuestros derechos, los mapuche avanzamos por el carril de la modernidad y el progreso de los cuales el colonialismo nos ha querido excluir. Quienes plantean, desde nuestro pueblo y en nombre de la tradición, la espiritualidad y la cosmovisión, que no podemos tener una bandera socio-política porque en el pasado no la teníamos, no hacen más que someterse dócilmente a la visión dominante del colonizador sobre lo que es y debe ser el pueblo mapuche. Ignoran, además, la historia del movimiento mapuche en esta materia: aunque no se consolidó en el pasado una bandera como tenemos hoy la oportunidad de hacerlo, sí se planteó el tema de un emblema propio.

—*¿Podría profundizar en ello?*
—La Federación Araucana, dirigida por Manuel Aburto Panguilef, discutió en su XIV congreso de diciembre de 1934, en Plom, Makewe, la cuestión de una "bandera araucana". Fue el punto 26 de la tabla. El congreso adoptó una bandera compuesta de tres bandas horizontales de igual tamaño: azul la superior, amarilla la intermedia y blanca la inferior. Dado el carácter del liderazgo de Aburto Panguilef y la acción de la Federación, esta bandera estaba destinada a cumplir una importante función ritual. En la discusión, sin embargo, un militante planteó la inquietud de si ella iba a ser solamente para las "cosas sagradas de la raza" o si también para sus "actos patrióticos", punto este último que fue dejado para el próximo congreso. En la práctica, esta bandera fue utilizada por la Federación Araucana en todo tipo de actividades públicas, desde concentraciones políticas hasta exhibiciones artísticas, como fue el caso durante la gira del Conjunto Artístico Mapuche Llufquehuenu en Santiago, Valparaíso, Viña del Mar y La Calera, en 1940.

—*¿Solo la Federación Araucana impulsó esta idea de una bandera?*
—Hasta donde conozco estuvo restringido en la época a la Federación; hay que entender el sentido que Manuel Aburto le daba a la Federación como organización que representaba a toda la raza. Por ello se hablaba de la "bandera araucana". En la historia más reciente, la organización Admapu resolvió en su 5.a asamblea nacional, de enero de 1984, crear un símbolo o emblema que nos representara como pueblo, resolución que fue ratificada en el 4.o congreso, de marzo de 1985.

Quiero resaltar con esto que muchas ideas, y en particular la de una bandera mapuche propia, son reivindicaciones colectivas sentidas por nuestra gente y su planteamiento en distintos momentos de nuestra historia expresa esa constante. Muchas cuestiones parecen nuevas, pero cuando se ve la historia del movimiento vemos que tienen precedentes.

Sea la aspiración de tener un partido político propio, alcanzar el autogobierno o que el mapuzugun se oficialice, han sido aspiraciones constantes en la historia, solo que fueron formuladas de manera diferente y con otros vocablos.

—*Otro ejemplo de la renombrada capacidad de adaptación de los mapuche.*
—Claramente. Los mapuche hemos demostrado siempre una enorme capacidad de adaptación. Ella nos permitió resistir a enemigos que en un primer momento eran mucho más poderosos que nosotros. Durante siglos incorporamos aportes que nos venían de otras culturas, que enriquecieron nuestra sociedad. Luego de la pérdida de nuestra independencia y la ocupación de nuestro país, tuvimos que adaptarnos nuevamente, pero esta vez en condiciones mucho más difíciles, de colonización y dominación nacional.

Aun así, si no hemos sucumbido como pueblo, si hoy nos afirmamos como nación, es porque hemos sido capaces de integrar en nuestro provecho y para nuestro fortalecimiento lo que la sociedad dominante nos hubiera querido negar, condenándonos a la marginalidad. La adopción de la Wenufoye, como seña de identidad nacional, refleja la capacidad de adoptar elementos y adaptarse de parte de nuestro pueblo. Ella contribuye a exteriorizar nuestra lucha de emancipación nacional y la voluntad colectiva de proyectarnos en el mundo moderno como una nación en el concierto de naciones libres.

La manta de San Martín
Austral de Temuco, 24/marzo/2019

Comenzó el año escolar en Chile y nuevamente volvemos a lo mismo. Que poco se enseña de historia mapuche en las escuelas. Un poco de la Guerra de Arauco, otro tanto de la ocupación de La Araucanía (ya no la llaman "Pacificación", enhorabuena) y paremos de contar. Nada, por ejemplo, de la cercanía de los padres de la patria con nuestros ancestros. Permítanme contarlo en esta columna.

Hacia 1814, cuando la república daba sus primeros pasos, sus principales líderes no buscaban su reflejo en Europa; lo hacían más bien en el sur mapuche y sus gestas. Responsable de ello fue la necesidad urgente de una épica propia para combatir a la corona española. Un relato. Una mística.

Fue así como el poema La Araucana y sus héroes se transformaron en el perfecto abono para el nacionalismo criollo. Un revelador testimonio de ello es el que entrega Francisco Antonio Pinto, abogado, militar y presidente de la República de Chile.

Pinto —nacido en 1785, en la víspera del movimiento emancipador— traza en una reveladora página autobiográfica la influencia de la historia mapuche en su formación.

¿En qué circunstancias surge, entre los hombres de su generación, el sentimiento nacional y el amor al terruño patrio? Pinto recuerda en sus memorias que «a los diecinueve años leer *La Araucana* hizo despertar en mi corazón el amor patrio y un vago conato por la independencia".

Bernardo O'Higgins, José Miguel Carrera y Manuel Rodríguez fueron también fervientes admiradores de la "raza araucana" y su indómito apego al suelo de sus ancestros.

Pero no solo el carácter guerrero maravilló a los próceres de aquel tiempo. También lo hizo el "buen gobierno araucano", las normas democráticas del Az Mapu, "más perfectas que las de las repúblicas de Europa", según llegó a expresar el destacado político federalista José Miguel Infante, miembro de la Junta de Gobierno de 1813 y ministro de Hacienda de O'Higgins en 1818.

Lo mismo sucedió con las virtudes cívicas de la sociedad mapuche, ensalzadas en la prensa por el jurista y escritor chileno-peruano Juan Egaña, uno de los intelectuales más influyentes del proceso independentista.

Egaña participó del Cabildo de 1811, en la redacción de la Constitución Política de 1823 y fue uno de los impulsores —junto a Camilo Henríquez y Manuel de Salas— de la fundación del Instituto Nacional y la Biblioteca Nacional. Hombre de Estado y servidor público, destacaría en las letras, la política y la educación, siendo uno de los máximos promotores de la virtud cívica que debía caracterizar a la joven nación chilena.

Para Egaña estas virtudes no eran otras que aquellas cultivadas por los mapuche desde hacía siglos: su innegable amor a la libertad, apego a la tradición y los valores familiares, y su rechazo a cualquier tipo de tiranía.

"¿Qué son los semidioses de la Antigüedad al lado de nuestros araucanos? El Hércules de los griegos, en todos sus puntos de comparación, ¿no es notablemente inferior al Caupolicán y al Tucapel de los chilenos?", llegó a escribir el intelectual.

Pero no solo ellos. Al otro lado de la cordillera, el propio José de San Martín, comandante del Ejército Libertador de los Andes, mantuvo buenas relaciones con los mapuche cordilleranos, a quienes conoció y con quienes parlamentó en dos ocasiones en 1816. La primera vez lo hizo en el Fuerte San Carlos, unas treinta leguas al sur de Mendoza, y luego a fines del mismo año en el campamento Plumerillo del Ejército Libertador, en plenos preparativos militares para el histórico cruce de la cordillera.

Fue en esta junta donde San Martín habría dicho a los lonkos pewenche su famosa frase "Yo también soy indio". "Debo pasar los Andes por el sud pero necesito para ello licencia de ustedes que son los dueños del país", consta les dijo el prócer argentino.

"Los plenipotenciarios araucanos, fornidos y con olor a potro, irrumpieron luego en alaridos y aclamaciones al indio San Martín a quien abrazaron", cuenta en sus memorias Manuel Olazábal, oficial que formaba parte del Ejército Libertador y que fue testigo presencial de la junta.

"Los dos parlamentos fueron acompañados de ceremonias, rituales y demás celebraciones que duraron días enteros. San Martín compartió con los pewenche el sentarse en círculo a la usanza indígena, mirándose la cara entre todos. Lo que sucedió en esos encuentros lo sabemos de su propia pluma; está escrito en sus memorias", cuenta el historiador Carlos Martínez Sarasola, autor del libro *La Argentina de los caciques*.

No se trató de una junta por cumplir, como a menudo sucede con las autoridades de gobierno en nuestros días. Los lazos estrechados fueron profundos y dieron origen a una de las frases más recordadas del prócer trasandino:

> Si no tenemos dinero, carne y un pedazo de tabaco no nos han de faltar; cuando se acaben los vestuarios, nos vestiremos con las bayetitas que nos trabajan nuestras mujeres y si no, andaremos en pelotas como nuestros paisanos los indios. Seamos libres y lo demás no importa nada. La muerte es mejor que ser esclavos.

En el Museo Histórico Nacional de Buenos Aires se conserva hasta el día de hoy una prenda excepcional que perteneció al general José de San Martín. Y que le fuera regalada en ocasión de aquellos dos parlamentos con los pewenche.

Se trata de un elegante makuñ, o manta de hermoso diseño, blanco-azulado, decorado con los símbolos sagrados de la cultura mapuche. Aquel bello regalo era sin duda una prueba de la alta consideración que los lonkos tenían de su persona. Y también de su investidura como jefe de una nación. Era, además, un verdadero salvoconducto para transitar por el Wallmapu independiente.

Hoy sabemos que aquella posibilidad de dos repúblicas pluriétnicas, respetuosas de su origen y mimetizadas con sus pueblos originarios, finalmente no prosperó.

Al final el proyecto de Estado-nación que se impuso en Chile y Argentina decidió no incluir a los mapuche. Todo lo contrario, el gran esfuerzo de ambas repúblicas fue más tarde combatir y arrinconar a nuestros bisabuelos, despojarlos de sus tierras y —de ser necesario, como proponía El Mercurio en 1859— "encadenar o destruir en el interés de la humanidad".

Aquel es el Chile que heredamos y que todos y todas, desde nuestros respectivos espacios y quehaceres, debemos hacer hasta lo imposible por cambiar.

Ineptos interculturales
Austral de Temuco, 7/abril/2019

Me pasó hace unos años, cuando mi hija Amankay cursaba la enseñanza básica en una escuela municipal de Nueva Imperial. Hablo del tener que autorizar, como apoderado, que pudiera asistir un día de la semana a clases de lengua indígena. Dos cosas me sorprendieron en aquella ocasión. Lo primero, tener que autorizar algo que me parecía de toda lógica.

Amankay es mapuche, yo lo soy y también toda su familia paterna por largas generaciones. Y muchos de sus compañeros también lo eran. Esa fue, de hecho, una de las razones por las cuales cursó la primaria en aquella escuela pública; la gran cantidad de niños y niñas mapuche de comunidades rurales allí matriculados, algo que nos pareció clave para su temprana integración social y cultural.

Por qué entonces nos exigían como familia una autorización casi ante notario, pregunté intrigado a las autoridades del establecimiento.

"Pasa que algunos apoderados no quieren o les incomoda la asignatura. Por eso es mejor preguntar y que cada uno autorice, así nos evitamos problemas", me respondió una profesora, visiblemente incómoda.

Por cierto firmé la autorización. Y mi hija tuvo varios años clases de lengua mapuche, una introducción básica, de escasas horas a la semana pero muy necesaria para conocer la lengua de sus abuelos y bisabuelas, la lengua que maravilló a cronistas españoles y viajeros de tiempos antiguos, la lengua de los primeros habitantes de este bello rincón del mundo, la lengua de sus ancestros.

Pero aquello fue posible por cumplir su escuela con el requisito del veinte por ciento de alumnos indígenas matriculados. Fue la segunda cosa que me sorprendió, el curioso requisito del ministerio.

¿A pito de qué ese porcentaje? ¿No debiera ser el mapuzugun asignatura obligatoria para todos los alumnos en las regiones que hoy componen el Wallmapu, como el aimara y quechua en aquellas del Tawantinsuyo?

La misma pregunta hicieron al Mineduc los delegados que participaron recientemente de la Consulta Indígena sobre las Bases Curriculares de la asignatura de Lengua y Cultura de Pueblos Indígenas, realizada en días recientes.

¿No debieran ser nuestras lenguas, de Arica a Magallanes, de enseñanza obligatoria para todos los niños y niñas? De ello tratan los derechos educativos y lingüísticos que la comunidad internacional y sus diversos organismos nos reconocen como pueblos, argumentaron.

Pero la respuesta del Mineduc fue un portazo.

En pleno 2019, en el Año Internacional de la Lengua Indígena decretado por la Unesco, las autoridades de gobierno fueron taxativas: la consulta trataba del currículum de enseñanza y no sobre la obligatoriedad de las lenguas indígenas en las escuelas de Chile. Fue el fin de la discusión. Y también el fin de la consulta, ya que gran parte de los delegados mapuche optaron molestos por retirarse.

Permítanme al respecto un comentario.

No son los niños indígenas quienes de manera más urgente requieren aprender la lengua de sus pueblos. Pero muchos de nuestros niños, de una u otra forma, ya sea por vivir en comunidades o en familias urbanas conscientes de su identidad cultural, la están aprendiendo. ¡Ellos y ellas ya son interculturales!

El real problema son los niños y niñas no indígenas.

Es a ellos a quienes se niega la posibilidad de conocer y maravillarse con otro paradigma cultural, con otra forma de entender e interpretar el mundo, con otra forma de decir te quiero. Es a ellos a quienes hoy se les niega la enseñanza de una segunda o tercera lengua, pertinente con la cultura de las regiones donde viven. Es a ellos a quienes hoy se condena a ser monoculturales, monolingües e incapaces de comprender el rico universo filosófico y cultural de nuestros pueblos. En definitiva, es a ellos a quienes hoy se pretende convertir en ineptos interculturales. Tal vez como sus padres. Tal vez como muchos de quienes nos gobiernan.

Polvo de estrellas
Austral de Temuco, 21/abril/2019

Quisiera responder una carta enviada al diario Austral de Temuco y referida a mi columna *Ineptos interculturales*. La firma Mario Molina y fue publicada el 9 de abril del presente año. En ella su autor cuestiona la "utilidad" de enseñar las lenguas indígenas a los escolares de Chile.

"¿De qué le sirve a un niño?", se pregunta, tildando a los mapuche como "cultura de poca propagación" y a nuestra lengua como "poco útil", en contraste, por ejemplo, con el inglés, lengua "de uso universal en un mundo cada vez más integrado", según subraya en la misiva.

Al menos dos comentarios al respecto.

Primero, la utilidad de enseñar mapuzugun en los colegios para mí resulta obvia; permitiría dotar a los niños y niñas de la región de un capital cultural —e intercultural— del cual muchos de sus progenitores carecen. ¿No se trata acaso de aquello el conflicto que nos aqueja; de dos paradigmas culturales que no se reconocen, que no dialogan y que por lo mismo nunca terminan de encontrarse?

La incomprensión chilena del mundo mapuche, de sus códigos culturales y protocolos, es parte del problema que tenemos en las regiones del sur. ¿Cómo no va a hacer útil, entonces, dotar a las nuevas generaciones con herramientas que faciliten la comprensión mutua?

Y segundo, no es para nada excluyente el mapuzugun con la enseñanza de una lengua foránea como el inglés. Yo al menos nunca lo he planteado así. Molina en este punto tiene razón, vivimos en un mundo cada día más interconectado.

De ello se trata la globalización, fenómeno inevitable en la historia humana y que ha acercado al mundo a través del intercambio de bienes y productos, pero también de un sorprendente flujo de información, conocimientos y cultura. Donde se equivoca Molina es cuando pretende homologar esta globalización con la hegemonía cultural del inglés.

Un par de lecturas le ayudarían a comprender que si algo ha provocado la globalización mundial —en su faceta económica y sobre todo cultural— es el reforzamiento de las identidades locales, exactamente todo lo contrario a la uniformidad lingüística que su carta pareciera pregonar. Pensar global, actuar local.

He allí la gran máxima de los tiempos que vivimos. Y es que en un mundo cada vez más "integrado" es la diferencia lo que en verdad se valora. Sucede en todo orden de cosas, también en los negocios. De allí las "marca país", las "denominaciones de origen" y los sellos de calidad para productos con "identidad local".

Es algo que de a poco los empresarios chilenos han ido comprendiendo: el potencial de un Wallmapu con una cultura y una cosmovisión única en el planeta. Y que está viva, junto con su maravillosa y poética lengua originaria. Quien no vea allí una oportunidad para emprender, para innovar, para destacar su producto del resto, ciego está.

Pero la carta va mucho más allá en sus apreciaciones.

En un segundo punto su autor cuestiona nuestro propio carácter de "pueblo originario", repitiendo la vieja tesis de que "los mapuche llegaron de Argentina" que acuñó hace más de medio siglo el etnólogo Ricardo Latcham, hoy desechada por la academia. Lo simpático es que en Argentina dicen todo lo contrario; que los mapuche llegamos "invadiendo desde Chile". ¡Plop!, diría Condorito.

Seamos claros, existe una larga historia mapuche en ambos lados de la cordillera, muy anterior a la formación de los Estados. Lo explico de manera bastante pedagógica en *Historia secreta mapuche*, libro escrito para que las nuevas generaciones de chilenos y argentinos, en lo posible, no repitan las mismas barbaridades.

Un último comentario sobre la carta de Molina.

Si extremamos el argumento por supuesto que la especie humana llegó desde algún lado a este rincón del continente. Lo explican las diversas teorías del poblamiento americano. En lo personal, siempre me he inclinado por el estrecho de Bering, habilitado como corredor humano en la última glaciación.

Mis viajes por Canadá, Estados Unidos, México y gran parte de Latinoamérica me han convencido de que los pueblos indígenas somos familia desde Alaska a Karukinká. Primos, cuando menos. Sí, los seres humanos no son originarios de América. Y si hilamos fino, puede que tampoco lo seamos de Asia, Europa y ni siquiera de África.

"Somos hijos de las estrellas", escuché decir cuando niño a mi abuelo en la comunidad. Aquello es lo que creemos los mapuche, que todos somos hijos e hijas del cosmos, polvo de estrellas. Mi abuelo lo explicaba siempre en mapuzugun, lengua que encierra una sabiduría profunda.

El mapuzugun, nos enseñaba, es una lengua creada no solo para comunicarnos entre los mapuche; es también una herramienta para interactuar con aquellos seres, con aquellas energías, con aquellas fuerzas que cohabitan con nosotros esta gran nave espacial que llamamos planeta Tierra. De allí su nombre compuesto, mapu-zugun: el habla de la tierra.

Es esta lengua maravillosa la que hoy los mapuche queremos compartir con todos ustedes. ¿Nos van a respaldar o también les parece una asignatura inservible para sus hijos?

El canto de Pichimalen
CNN Chile / Kulmapu

Beatriz Pichimalen (1953) es una de las más destacadas cantautoras mapuche de la actualidad. Nacida en la localidad bonaerense de Los Toldos, es por línea materna tataranieta del ñizol lonko Ignacio Coliqueo. Este fue un importante jefe mapuche del siglo XIX, originario de Boroa, y quien se radicó junto a su gente en las puertas de la capital trasandina.

Incansable embajadora cultural, su trabajo artístico de tres décadas se relaciona con la búsqueda, rescate y difusión de la cultura mapuche, en especial de aquel canto tradicional que brota de la tierra y que a ella pareciera brotar del alma.

"No me defino como una trovadora folclórica, con todo el respeto que me merecen. Soy simplemente una mujer que levanta el canto de la gente de la tierra, que es mi gente y el pueblo al que yo pertenezco con tanto orgullo", nos dice.

Se ha presentado en escenarios de todo el mundo y ha grabado con artistas de la talla de Residente de Calle 13 y Anita Tijoux. También, por si no bastara, ganó en 1994 el prestigioso Festival Nacional de Cosquín en Argentina, un triunfo que significó la ratificación de un camino y, sobre todo, de un compromiso vital con su identidad originaria.

De ello y más charlamos con Beatriz a los pies del cerro San Cristóbal en la capital chilena.

—*Mari mari lamngen, qué bueno tenerla de visita en este lado de la cordillera, en Gulumapu.*

—Mari mari lamngen, yo siempre feliz de venir acá, aunque es como una proyección del territorio de Puelmapu; ya sabemos qué concepto tenemos los mapuche de un lado y del otro, un solo gran territorio, el Wallmapu de nuestros mayores. Sabes, me gusta mucho cruzar la cordillera, me permite seguir aprendiendo, tomar e incorporar elementos para nuestro quehacer y para nuestro ser, también para nuestro zugun (hablar), la sintonía fina dentro de lo que es nuestra cultura mapuche.

—¿Qué cosas te sorprenden cuando cruzas la cordillera, esa gran cordillera que para nuestro pueblo nunca fue una barrera; todo lo contrario, fue siempre lugar de paso y punto de encuentro?

—Lo primero que me sorprende siempre es la geografía porque la tierra, como sabemos y sentimos los mapuche, nos habla en sus infinitas voces, sobre todo cuando cruzamos por el sur. La geografía de este lado me presenta una inmensidad de bosques, una inmensidad de agua y los matices de soles que me han dejado siempre con la boca abierta. La variedad por supuesto habita en toda esa inmensidad verde de la que estamos hablando. Y luego al cruzar hacia el este nos vamos a encontrar con un territorio llano, con mucho viento, mucha piedra, con pasto seco y nada de vegetación.

—Tal vez por ello los argentinos lo llamaron desierto.

—¡Mal llamado desierto! Luego fue un desierto porque se llevaron a todas las familias mapuche prisioneras para repartirlas. Hay una canción que habla de eso, "están blanqueando los huesos de mis parientes", dice. Pinta eso lo que dieron en mal llamar los argentinos la Campaña del Desierto, lo que en este lado mal llamaron los chilenos como Pacificación de La Araucanía. Ahora, yo digo, si eso era un desierto cuál fue el propósito de invadirnos y de ir a buscar allí qué cosa.

—Tengo la sospecha de que no era un desierto muy pobre; nadie invade un país o un territorio inservible.

—Por supuesto, algo tendría que haber, ya sabemos lo que ocurre hoy en los países que tienen petróleo; es cierto, nadie invade una tierra que no le va a servir. Me parece y me pregunto, como dice la canción de Víctor Heredia, ¿qué hubiera sido si nos hubieran dejado ser? ¿Qué hubiera pasado? ¿Cómo hubiera sido la vida nuestra? ¿Qué te parece a vos?

—Siempre tengo el recuerdo de mis mayores, aquel recuerdo del país mapuche. Siento que quedamos atrapados en el tiempo, quedamos congelados en un siglo específico. Tengo también el recuerdo de mi abuela cuando se refería al tiempo de los antiguos como un tiempo mejor.

—Hubiera sido creo muy beneficioso para ambas culturas. Yo confío plenamente en las cosas que llegan, es una concepción muy mapuche esto de adaptarnos a lo nuevo, tiene que ver con la agilidad de una cultura para adaptarse. A mí me preguntan a veces si uso internet y respondo que por supuesto, y si no lo sé me preocupo por aprenderlo. Por eso para mí es tan importante poder tomar esas pequeñas grandes modificaciones que vive a diario nuestra cultura, y de esa manera poder entenderla mejor y entendernos mejor entre nosotros.

—*Hay quienes dicen que los mapuche somos todos parientes, todos medios primos.*

—Eso tiene que ver con los linajes, somos un pueblo de linajes territoriales. Esta mañana estuve en un colegio de la comuna de El Bosque y los niños quedaron unos minutos pensando aquello de los linajes; les expliqué de los antiguos reyes, de los escudos, de los clanes y que de eso tratan los linajes mapuche. Los linajes nos dan identidad, hablan de nuestros antiguos hasta nuestros días. Los linajes tienen un tipo de platería, un tipo de tejidos, un tipo de canto que va hablando de aquella nuestra gente antigua.

¿A qué linaje pertenecen los Cayuqueo, los Coliqueo?, ¿ese apócope de queo vendrá de queupu (pedernal) tal vez?, ¿nos está diciendo que pertenecemos a esa raíz de linaje? Los más conocidos en Puelmapu por trayectoria, porque los libros los enseñan, son los cura (piedra), el linaje de Calfucura, Reuquecura, Namuncura, que nos habla de otro linaje, de otra geografía social dentro de esta Meli Witran Mapu.

—*Una sociedad casi aristocrática.*

—Yo diría, además yo lo veo en las ceremonias, esa delicadeza en el lenguaje, ese cuidado en las formas y a la vez esa rectitud en el actuar.

—*¿Cómo rescatas esa memoria antigua que nos remite a generaciones para atrás y que también es una responsabilidad que debemos cargar todos los mapuche responsablemente? ¿Cómo lo plasmas en tu creación artística?*

—No todo es creación mía, mi primer disco es todo recopilación de canciones muy antiguas y otras más contemporáneas, las mismas canciones nos van indicando más o menos de qué época son. Hemos buscado esos cantos, no solo yo, también lo hizo Aimé Paine en otra época, una alta voz mapuche de Puelmapu. Hay canciones que nos hablan de tiempos muy antiguos. Si tenemos un linaje, ¿tendremos cada uno un canto? Sí, lo tenemos, hace no muchos años encontré el canto ceremonial del tayul, el canto sagrado de la flecha y lo encontré en la voz de Luisita Calcumil, en una noche que nos juntamos a compartir. Y ella lo cantaba con una gran emoción. Tener estos cantos familiares nos habla de un pueblo absolutamente culto y absolutamente artístico. Ayer a la noche compartí con la familia Painepan y una de las hermanas es rutrafe (orfebre). Una exquisitez su trabajo, su arte, ahora se va a Europa a exponer su platería y no es primera vez que va. Eso me produce un orgullo superlativo, no porque va a Europa, sino porque vamos avanzando desde la esencia de nuestro ser.

—Cuando desarrollas tu arte musical, ¿sientes que estás también llevando contigo toda esta memoria antigua, ancestral?

—Sí, yo no podría hacerlo de otro modo. En días pasados canté debajo de un frondoso árbol donde había detrás de mí una papay (anciana) sentadita y fue imposible no decirle a ella que saque también su canto, que me acompañe. En ese momento el acompañamiento fue físico, pero yo siempre le digo a la gente: "Ustedes me ven a mi sola en los escenarios, pero, saben qué, a mí me impulsa y me sostiene mi gran familia mapuche". Y es verdad, porque yo voy siguiendo los pasos de aquellos que se fueron, pero aquellos que se fueron en el canto vuelven a estar aquí.

—Hay un intento en tu trabajo, Beatriz, que yo valoro muchísimo y es un esfuerzo por traer esta musicalidad tradicional mapuche al siglo XXI.

—Claro, si estamos vivos nosotros. Hay que traer esa memoria antigua al presente, además porque son canciones atemporales, nos hablan de los elementos de la tierra. Yo creo que el canto debe ir un poco más allá y por eso en el primer disco incluimos instrumentos modernos y nuestra gente lo recibió muy bien. En el segundo disco hicimos algo más acústico, incluimos bronces, trompes, hasta ahora toda esta mezcla virtuosa ha sido muy bien recibida por nuestra gente. Nos atrevemos a innovar y si en algún momento nos equivocamos nuestra propia gente nos lo hará saber, nos dirán que por ahí no es.

—Qué sientes al compartir escenarios con artistas como Anita Tijoux, Calle 13, grandes referentes de la juventud no solo chilena o argentina, también de latinoamericana.

—Es una necesidad mutua, yo como mujer mayor, grande, entrada en años digo, necesito de esa energía de juventud y no solo por mí, sino porque ellos también ignoran nuestras artes, nuestro canto. Y por otro lado ellos necesitan nutrirse de esta cultura, lo piden, lo dicen. Y de ahí surge algo magnífico, porque además hablamos de grandes músicos. La música, el canto, las artes en sí son universales, no conocen fronteras.

—Sientes que hay una especie de búsqueda muy genuina en las nuevas generaciones chilenas y argentinas de una identidad, de una morenidad que les ha sido negada.

—Absolutamente, están huérfanas de identidad, carecen de estos sonidos, de esta memoria ancestral. Cuando uno acerca un sentimiento genuino hacia ellos es muy gratificante. Yo poquita cosa soy y no es falsa modestia, uno es instrumento de aquello que todavía está, de aquello que la tierra sigue manteniendo, y como hijos de esa tierra nosotros tenemos y debemos ofrecerlo a manos llenas. Le va a llegar a quien quiera tomarlo; claro, la gente joven desgraciadamente carece de esa cultura, nunca se les contó, se les borró, se les negó su historia. Eso a mí me crea una gran responsabilidad.

—*Lamngen Beatriz, chaltu may (muchas gracias) por este nütram (conversación) entre mapuche aquí en Gulumapu. Ya conversaremos en Puelmapu más adelante.*
—Te vamos a esperar en Puelmapu y esperamos estar a tono con una rica comida, con nuestra música y con nuestra gente. Hasta siempre lamngen.

La Torre de Babel
La Tercera, 8/mayo/2019

Por estos días me encuentro en San Cristóbal de las Casas, Chiapas, participando de un encuentro de escritores convocado por PEN Internacional y la Unesco. PEN (sigla de "Poetas, ensayistas y novelistas") es la más antigua y prestigiosa asociación mundial de escritores.

Fundada en Londres en 1921, en casi un siglo de existencia ha reunido a autores de la talla de Federico García Lorca, Arthur Koestler, H.G. Wells, Arthur Miller y Salman Rushdie, entre otros. También a créditos locales como Pablo Neruda e Isabel Allende, dos buques insignias de las letras nacionales. Sí, PEN nació como un club selecto y exclusivo.

Lo prueba su larga historia, el prestigio de sus miembros y también sus célebres polémicas, como las duras críticas del poeta norteamericano y miembro PEN Allen Ginsberg al gobierno de Reagan en los ochenta o la reciente renuncia de Mario Vargas Llosa a su membresía, tras apoyar PEN a escritores catalanes encarcelados por sus ideas independentistas.

El premio nobel peruano, un tesoro humano vivo de la lengua castellana, optó en la encrucijada por alinearse con el Estado español y también con lo más retrógrado del españolismo.

El actuar de PEN no crean que fue casual; la defensa de escritores y periodistas en situaciones de riesgo es una de las preocupaciones centrales de la institución. Lo es hoy en día en Rusia, Turquía, España, México y también, por cierto, en la convulsionada Venezuela de Nicolás Maduro; gran parte de sus asociados se encuentran en el exilio debido a las restricciones del régimen chavista.

Es una de las máximas de PEN: sin libertad de expresión no puede haber una literatura significativa. Y sin literatura tampoco puede haber libertad de expresión significativa en el mundo. Pero aquel compromiso no se detiene allí.

Así lo prueba nuestro encuentro en el suroeste de México, dedicado a escrituras de pueblos originarios y al desafío de nuestras lenguas en el siglo XXI. Reúne a especialistas de todo el mundo para debatir sobre libertad de expresión, derechos humanos y lenguas minimizadas. Y ha contado con la participación activa de la presidenta de PEN Internacional, la escritora estadounidense Jennifer Clement, y su director ejecutivo, el escritor catalán Carles Torner.

Ella, fiel a su mandato, no dudó en lamentar a su llegada a México los ataques a los periodistas por parte del mandatario Andrés Manuel López Obrador. Es el estilo PEN. Directo y sin ambigüedades.

En Chiapas hemos confluido escritores portadores de lenguas que son patrimonio de nuestros pueblos y de toda la Humanidad: vascos, tibetanos, quebequenses, catalanes, kichuas, sami, gallegos, mapuche y también chiapanecos, los hospitalarios y entusiastas dueños de casa. Una cosmopolita junta en la ciudad que fue epicentro del levantamiento indígena del año 1994.

Hablo del Ejército Zapatista de Liberación Nacional, aquella loca guerrilla de poetas cuyo lema bien pudo ser otra de las máximas de la institución que nos convocó en estas lejanas tierras: "Construir un mundo donde quepan muchos mundos".

¿Cómo revitalizar las lenguas originarias en el siglo XXI? Es la interrogante que cruza el encuentro y que desde nuestras particulares experiencias hemos intentado, colectivamente, tratar de dilucidar.

Los vascos, nos cuentan, lograron la oficialización del euskera tras una larga lucha política y cultural en la que la "lealtad lingüística", esto es, el compromiso de cada ciudadano vasco con su propia lengua, fue un factor determinante. Qué decir de los catalanes. Allí, a orillas del Mediterráneo, es la lengua su principal seña de identidad nacional nos cuentan los delegados. Y también un permanente dolor de cabeza para España, reconocen.

Sabemos que ambos casos distan años luz de la realidad de los pueblos originarios de Centro y Sudamérica. No existen recetas exportables, pero los avances en materia lingüística de minorías nacionales europeas bien pueden mostrar un camino.

En Chiapas, nos cuentan sus escritores, son doce las lenguas que luchan por sobrevivir frente al racismo y el olvido. En el país que se ufana de ser símbolo mundial de multiculturalidad y mestizaje, las deudas pendientes son demasiadas, acusan autores mayas, tzotziles y tzeltales. Ya lo eran cuando estalló el Ya Basta de los zapatistas en la selva Lacandona hace casi tres décadas.

Qué poco aprenden los gobiernos latinoamericanos de sus errores. Lo pienso mientras recorro las calles de San Cristo bajo las primeras lluvias de la temporada. Es una desazón que sin embargo pronto desaparece. Escuchar en medio de la Plaza de la Catedral a dos mujeres tzeltales charlar animadamente en su lengua madre demuestra que no todo está perdido.

Sucede además otra cosa, quienes somos herederos de una lucha de tantos siglos creo que no tenemos derecho al pesimismo.

Un hombre de otro siglo
Austral de Temuco, 19/mayo/2019

Ya es todo un clásico. Que cada cierto tiempo el historiador chileno Sergio Villalobos salga de su retiro y lance algún Exocet contra las reivindicaciones del pueblo mapuche. Esta vez el blanco de sus ataques fue el mapuzugun, nuestra querida lengua, tildada por el octogenario académico en las páginas de El Mercurio como una "lengua moribunda" e "inútil en el mundo moderno". Y por la cual no valdría la pena invertir ningún duro.

Villalobos —cuya familia es oriunda de Angol, aquel viejo fuerte militar refundado por Cornelio Saavedra en 1862— no pierde oportunidad para este su pasatiempo favorito: deslegitimar la lucha del pueblo mapuche con argumentos cargados de racismo, prejuicios e inexactitudes.

De muestra un botón: "Es curioso comprobar que no existe casi ningún estudio del mapuzugun realizado por los araucanos y han sido solo chilenos y extranjeros los que han elaborado tratados sobre la materia", señala en su carta al director.

¿Hace cuántas décadas que no sale de su casa?

Lo pregunto, porque cualquier investigador serio sobre los mapuche y su patrimonio cultural conoce hoy del trabajo de María Catrileo, Elisa Loncón, Jaqueline Caniguan, Margarita Canio y Necul Painemal, destacados lingüistas, así como los aportes de kimche (sabios) y kimelfe (profesores), como Armando Marileo, Juan Ñanculef, Rosendo Huisca y Wenceslao Norín, entre otros.

¿Qué lleva al octogenario historiador a escribir este tipo de diatribas en los diarios? Es simple, la defensa de un tipo de Estado y de una identidad nacional "blanca y sin indios".

Villalobos hacer pasar por tesis académica una posición sobre la causa mapuche que es claramente ideológica. Él es un defensor y promotor de la uniformidad cultural, lingüística y racial que caracteriza el Estado-nación heredado del siglo XIX. De allí su porfía en subrayar que los mapuche no existimos. Según sus propias palabras, solo seríamos "mestizos chilenos" o bien "chilenos con ascendencia araucana". No más que eso.

Según el historiador Víctor Naguil, Villalobos interviene en el debate público sobre los mapuche no como académico; lo hace esgrimiendo argumentos políticos que trata —mañosamente— de hacer pasar por argumentos históricos. Concuerdo absolutamente. Lo suyo es *civilización versus barbarie*, idea propia de las élites que moldearon nuestras repúblicas. Su racismo científico no difiere mucho de Barros Arana, Sarmiento, Alberdi o Vicuña Mackenna, intelectuales del siglo XIX con quienes de seguro se siente cómodo.

Pero en la actualidad muy pocos piensan como Villalobos. Incluso en su sector, el nacionalista-conservador que tan fielmente representa en El Mercurio, tiene reconocidos detractores.

"La noción de que la sociedad chilena tiene una deuda histórica con los mapuche corresponde plenamente a la realidad. Al fin y al cabo, eran los originales pobladores de la tierra y fueron tratados —en forma sucesiva por el Imperio español y por la República— de una manera injusta y lesiva para su dignidad, intereses y cultura", le respondió a Villalobos el historiador Gonzalo Vial Correa hace unos años.

Según Vial, los deudores con los mapuche serían todos los chilenos, subrayando que el centro del problema sería aquel de una cultura vernácula bajo amenaza.

"La cultura de esta etnia, su antigua forma material y sobre todo espiritual de vida se hallan amenazadas de disolución. El pago de la deuda histórica consiste en impedir esa disolución, de modo que fiel a sus orígenes y centralidades se desarrolle y crezca libremente", argumentó.

"No nos venga, sin embargo, la tentación maligna de pensar que habiendo adelantado tanto en su aniquilación lo mejor fuese terminar esta tarea, consumar el delito. Porque el mapuche, sin que nos diésemos cuenta, ha ido adoptando instintivamente la única política que podía salvarlo de nosotros: crecer, aumentar en número. Así, nuevamente, el formidable estratega ha derrotado merecidamente al huinca", concluyó Vial.

La carta de Gonzalo Vial Correa también fue un Exocet, pero uno de vuelta contra Villalobos. Y uno sorpresivo, inesperado para el polémico historiador angolino. Convengamos que no todos los días un ex ministro de Educación de la dictadura militar como Vial te pide —respetuosamente— que te bajes un rato del pony.

El horno no está para bollos
La Tercera, 27/mayo/2019

Polémica está resultando la Consulta Indígena impulsada por el gobierno. Y con razón. El principio de la buena fe es clave para la correcta aplicación del Convenio 169 de la OIT, y aquel requisito —seamos francos— no se cumple por estos días en Chile. La Operación Huracán, el caso Catrillanca y el encarcelamiento de líderes como el lonko Alberto Curamil han dinamitado como nunca las confianzas.

Puede que sea el nivel más bajo en décadas.

En tal escenario, consultar sobre posibles modificaciones a la Ley Indígena, el único cuerpo legal que resguarda nuestros derechos, resulta cuando menos un despropósito. Y si bien permitir la "venta de tierras" o alterar la propiedad indígena no figura entre sus objetivos, aquello poco importa en tiempos de posverdad y *fake news*. Ya se instaló como discurso. Era previsible que ello sucediera.

Ningún mapuche desconoce que desmantelar la protección legal de las tierras ha sido un esfuerzo de larga data del sector terrateniente sureño, el mismo que hoy nos gobierna. Lo exigen a los parlamentarios de derecha los dueños de fundo, descendientes de colonos y dirigentes gremiales, el particular voto de Chile Vamos en La Araucanía.

Puestas así las cosas, es indudable que la actual consulta indígena nació condenada a la polémica y al fracaso. Ello por la desconfianza existente y porque toca una fibra muy sensible para las organizaciones y comunidades; el tema "tierras", el mismo que ha cruzado —y monopolizado como demanda— al menos medio siglo de activismo mapuche.

Lo paradójico es que a la pregunta sobre si requiere modificaciones la Ley Indígena a tres décadas de ser promulgada, la respuesta inequívoca es ¡por cierto! Y también en aquellos aspectos vinculados a la propiedad de la tierra; herencias, títulos, acceso a créditos, medierías, todos puntos que aquejan hoy a miles de familias campesinas y que demandan revisión.

Lo mismo pasa con su marcado perfil rural, propio de la época y de la dirigencia que logró su promulgación a comienzos de los noventa. La ley posee un marcado acento rural, incluso campesinista, que contrasta con la realidad demográfica indígena actual, urbana en un gran y mayoritario porcentaje.

Es el caso del pueblo mapuche hoy, en el siglo XXI.

Sí, la Ley Indígena —como todo cuerpo legal perfectible— requiere una actualización. Pero lo señalé al principio: el horno no está para bollos. No al menos en el actual momento político.

El gobierno de Sebastián Piñera —en cuyo seno conviven acérrimos opositores a la causa mapuche y uno que otro liberal sensibilizado— ha dado con esta consulta indígena un gran pa-so en falso. ¿Qué debió hacer en cambio?

En mi opinión, una profunda autocrítica por el caso Catrillanca —las sanciones a Carabineros fueron drásticas y nunca vistas, hay que reconocerlo—, renunciar a la vía represiva —que asesinó a un joven a sangre fría y boicoteó de paso lo obrado por el ministro Moreno— y retomar su agenda inicial, aquella de reconocimiento y participación política.

Todo ello, más la urgente desmilitarización de las zonas de conflicto, hubiera sido una potente señal de un cambio de enfoque y de abordaje. También el atreverse a estudiar y explorar el petitorio mapuche autonomista, hoy por hoy plagado de prejuicios y desconocimiento en las filas del oficialismo.

En diversas oportunidades los líderes y voceros del sector autonomista mapuche han manifestado disposición para el diálogo político con el Estado. El propio Héctor Llaitul así lo ha señalado desde la CAM en entrevistas y foros públicos: su apertura a parlamentar sobre temas sustanciales como autonomía, territorio y autogobierno, todas discusiones democráticas y de primer mundo.

Pero tal como están las cosas —y con gobiernos de absurdos cuatro años— pareciera que el pueblo mapuche deberá seguir esperando. ¿Superarán otros hombres y mujeres este momento gris y amargo? Por supuesto que lo harán.

Tanto el caso Catrillanca como la actual consulta del gobierno han posibilitado confluencias mapuche no vistas en mucho tiempo, articulaciones que, lejos de amainar, a diario se fortalecen. Aquello no es menor en un pueblo culturalmente dado a la dispersión y a la atomización dirigencial. Esta última es una buena noticia. Es la parte medio llena del vaso.

Catrillanca 2
La Tercera, 7/junio/2019

Finalmente la Consulta Indígena tuvo que ser aplazada en La Araucanía. Lo informó el intendente Jorge Atton el pasado viernes; se suspende el proceso en nueve comunas y los equipos se repliegan para evaluar una nueva estrategia. Pasa que hasta ahora todo ha sido un desastre. Tomen nota: de las siete comunas donde sí se pudo organizar diálogos con las comunidades, solo en una de ellas no hubo protestas en contra o incidentes. No había que ser Nostradamus para adivinarlo.

Es lo que llama la atención en este tema; cualquier conocedor del conflicto sabría que, tras el impacto público del caso Catrillanca, plantear una consulta para modificar la Ley Indígena era una equivocación profunda. Y principalmente por aquello que el Convenio 169 de la OIT establece como condición *sine qua non* para este tipo de iniciativas.

Hablo por cierto del principio de la buena fe, aquel deber de honestidad, corrección y lealtad que obliga por igual a las partes que intervienen en el proceso; en este caso, los nueve pueblos originarios y el Estado.

Seamos claros, hoy dicho principio brilla absolutamente por su ausencia en las regiones mapuche del sur. Las desconfianzas hacia el Estado son la norma. También viejos temores que cada tanto reaparecen y profundizan las distancias. Hoy muchos mapuche —con justa razón— no le creen al gobierno. Y el gobierno tampoco les cree a muchos de ellos. Puestas así las cosas, ¿es posible continuar una consulta que solo genera rechazo en las comunidades?

La Moneda, tozudamente, pareciera creer que sí es posible. De allí el anuncio del actual "repliegue" de los equipos técnicos y la próxima entrada en escena del Ministerio Secretaría General de Gobierno, cartera a la cual Moreno solicitó ayuda para reimpulsar un proceso que naufraga frente a sus narices.

De allí también las intervenciones del intendente de La Araucanía, Jorge Atton, uno de los últimos actores políticos en ser incorporado —o quizás arrastrado— al desastre. Sin embargo, el forzado entusiasmo no es contagioso en el oficialismo.

"El ministro Alfredo Moreno creó un Catrillanca 2... una buena iniciativa del Presidente se transformó en algo disociador con el pueblo mapuche", declaró hace unos días el senador Manuel José Ossandón, en clara referencia al agravamiento del conflicto producto de la Consulta Indígena.

Yo no sería tan extremo como Ossandón. El ministro Moreno aún puede enmendar su error. Ello pasa por dejar a un lado la tozudez y atreverse a escuchar a quienes hoy legítimamente se oponen a un proceso viciado desde su origen. El panorama se vislumbra complejo, pero posible de revertir. Veamos qué sucede.

El gran rescate
La Tercera, 18/junio/2019

Sucedió lo que algunos vaticinamos a comienzos de esta semana: la salida de Alfredo Moreno del Ministerio de Desarrollo Social y su llegada a la cartera de Obras Públicas. Del histórico conflicto Estado-Pueblo mapuche, cada día más polarizado, a las tranquilas aguas del ministerio de los anuncios rimbombantes y los cortes de cinta. Allí por fin podrá lucirse ante los medios de comunicación.

Una cosa es clara: si el territorio mapuche fue en la Colonia "el cementerio español en América", en los tiempos actuales bien podríamos bautizarlo como "el cementerio de ministros".

La salida de Moreno tuvo mucho de gran rescate por parte de La Moneda. No es ningún secreto, hablamos del candidato no oficial de Sebastián Piñera para la ansiada continuidad de la derecha en el gobierno. Son aspiraciones presidenciales que Moreno ha negado en decenas de entrevistas, pero aquel es un juego de máscaras propio de la política. Llegado el momento lo veremos en la papeleta. Ello si es que "prende" ante la opinión pública.

Este último era uno de sus grandes problemas: ser un completo desconocido en las encuestas, situación cuando menos curiosa, considerando la alta exposición pública que logró hace unos años siendo canciller. Un segundo problema fue su propio rol como ministro de Desarrollo Social; convengamos, una cartera de segundo o tercer orden dentro del gabinete. Por allí muchos ministros pasaron con más pena que gloria y pocos recuerdan sus nombres.

Pero Moreno aceptó el desafío. Me consta que desde el primer día intentó marcar diferencias con sus predecesores. Lo charlamos en el Palacio de La Moneda a poco de asumir su cargo. "El diálogo con todos los sectores —me dijo convencido aquella tarde— es el camino para derrotar las desconfianzas y avanzar en soluciones al conflicto".

Y así lo hizo. Aplicado y mateo, desde el día uno comenzó a estudiar un tema que reconocía desconocer y a tejer contactos y complicidades con un pragmatismo sorprendente. Para ello se reunió con actores de ambos bandos. Tocó puertas y abrió otras tantas.

Lo suyo fue intentar escuchar, incluso a los más duros. Ello, no olvidemos, le costó ser declarado *persona non grata* por los dueños de fundo. Pero vino el caso Catrillanca y el escenario político cambió por completo. Aquello fue un misilazo imparable y letal. No solo para el ministro, también para La Moneda. No exagero si digo que se trata del "Caso Caval" de la administración Piñera. Sus consecuencias fueron devastadoras para la imagen del gobierno, la confianza pública en las instituciones y también para el clima político.

La oposición, hasta entonces carente de unidad y de relato, encontró allí también una oportunidad de oro. A la ex Nueva Mayoría le permitió por fin rearticularse. Y al Frente Amplio, pasar de la queja y el lamento recurrente a la política de verdad. Lo demostró esta semana en el Congreso con la acusación constitucional.

Fue en los campos de Temucuicui y no en la polémica Consulta Indígena donde naufragó la agenda de diálogo del ministro Moreno. Y el responsable de su fracaso no fue otro que el ministro Chadwick, el gran sobreviviente de la agitada semana que termina. Fuego amigo, lo llaman los gringos.

Pero aquel era un boicot político más que anunciado.

Se lo advertí al exministro en aquella charla en su oficina: la estrategia del garrote y la zanahoria, tan propia de sucesivos gobiernos, debía llegar a su fin. Por absurda e inconducente. No fue así y el famoso Comando Jungla, aquel gustito racista de Chadwick y Ubilla para beneplácito del latifundio sureño, dinamitó finalmente todo.

Son lecciones que Alfredo Moreno debe anotar en su bloc de notas. Puede que las necesite en unos años.

Estamos (otra vez) solos
Austral de Temuco, 30/junio/2019

Santiago dijo basta. La Moneda, que vive en otro calendario, en uno marcado por los tiempos políticos, nuevamente nos dejó solos y a la deriva. La escena se repite calcada desde comienzos de los noventa, cuando el conflicto étnico se tomó las portadas de los medios.

Desde entonces unos dicen que nunca lo vieron venir, que el conflicto estalló prácticamente en sus narices. Otros advierten, muy seguros, que todo se trata de comunistas reciclados en indigenistas, los infiltrados de siempre, eternos enemigos de la propiedad privada y del progreso. Si leyeran un poco quizás lo sabrían: el conflicto no se trata ni de lo uno ni de lo otro.

Tal como explica el historiador José Bengoa en sus libros, hablamos de una emergencia indígena continental, identificable de Alaska a la Patagonia y propia del empoderamiento político y cultural de los pueblos originarios en la escena internacional. Y cuyo combustible son injusticias de siglos que todos ven aplicar y a las cuales nadie les pone remedio pudiéndolo remediar. ¡Lo cantaba la Violeta hace cincuenta años!

Pues bien, desde 1992 —año del Quinto Centenario, allí otro dato clave— los mapuche hemos visto de todo: infinidad de promesas gubernamentales, planes Araucanía —ya van siete, todos fallidos—, mesas de diálogo —una veintena, cuál de todas más improductiva— y la región, como un eterno *déjà vu*, de vuelta al mismo y fatídico punto de partida.

Lo reconoció un prominente empresario hace pocos días en Enela, el principal encuentro empresarial del sur: el eterno retorno al conflicto de una región que tiene todo para salir de la pobreza y el subdesarrollo. Del subdesarrollo económico y también del mental, cosa bastante seria por estos lados.

La salida de Alfredo Moreno del tema indígena demostró que hoy las urgencias del gobierno son el crecimiento económico y las próximas presidenciales. Tal vez siempre lo fueron y lo otro, el diálogo y la búsqueda de acuerdos, solo un mero espejismo. Lo concreto es que ya no hay medias tintas al respecto; los tiempos políticos no dan para más, me confidencia una fuente de la Segegob.

El primer tiempo del gobierno finalizó de manera desastrosa en las encuestas, y asegurar la continuidad de Chile Vamos en La Moneda —toda una obsesión del primer mandatario— requiere priorizar otras agendas y olvidarse de conflictos interminables como el mapuche, bastante poco sexi para cualquier gobierno.

Sí, nos dejaron nuevamente solos. Por más que el nuevo ministro Sebastián Sichel diga que se pondrá "bototos" para desplegarse en terreno. Créanme, solo está vendiendo humo. Y por más que diga que la "agenda indígena" no está congelada, créanme, sí lo está: congelada hasta nuevo aviso. En el Congreso duerme una docena de proyectos de ley relativos a pueblos originarios; pendientes desde hace al menos cinco administraciones de gobierno.

¿Qué medidas legislativas podrá exponer Piñera como logros al final de su segundo mandato? Hoy me atrevo a señalar, responsablemente, que es muy probable que ninguna. Ni siquiera el manido "reconocimiento constitucional" que Sichel aseguró en Enela redactaría de su propio puño y letra. Humo y más humo.

Así estamos por estos días en la región. Sin agenda presidencial para La Araucanía, sin agenda legislativa indígena, sin diálogo político entre los actores del conflicto y con las confianzas entre el mundo winka y mapuche tal vez en su punto más bajo.

¿Qué nos queda por delante? En las actuales y pesimistas circunstancias, con Evópoli una vez más solicitando militares en los campos, simplemente el viejo ustedes versus nosotros. Ustedes habitando La Araucanía que a balazos incorporó Cornelio Saavedra ochenta años tarde al Estado y nosotros el Wallmapu de nuestros ancestros. Y allí, ustedes y nosotros, atrincherarnos para lo peor.

O bien puede que no. ¿Y si en vez de lamentar nuestra mala suerte aprovechamos la oportunidad y —tal vez por primera vez— hacemos algo por nosotros mismos?

Sociedad civil, universidades, gremios profesionales y productivos, comunidades, organizaciones e instituciones mapuche, las fuerzas vivas de una región cansada de la utilización política y las tomaduras de pelo. Hagámoslo nosotros. Sin Santiago y su centralismo, sin La Moneda y sus fríos cálculos electorales.

Les cuento algo, estamos solos. Y con el mismo viejo desafío democrático por delante; aprender a convivir entre culturas en este bello pero maltratado rincón del planeta.

Varas y la autonomía mapuche
La Tercera, 29/agosto/2019

Hace poco llegó a mis manos *Antonio Varas. 1817-1886*, libro del abogado y magíster en Historia Gonzalo Arenas Hödar. Sí, el exdiputado por Malleco y actual asesor especial de asuntos indígenas del gobierno.

Se trata de la recopilación de cartas y documentos inéditos de uno de los personajes que más influyeron en el devenir de la política chilena del siglo XIX. Varas fue diputado y senador de la República, y sirvió al mismo tiempo en los gabinetes de los presidentes Manuel Bulnes, Manuel Montt y Aníbal Pinto. Todo un prohombre de su tiempo.

El libro es una joya para todos los amantes de la historia. De la historia de Chile y también de la mapuche.

Pasa que uno de los archivos publicados es el Informe sobre el Territorio Araucano presentado por Varas al Congreso Nacional en tiempos en que se debatía cómo incorporar Magallanes y Wallmapu —hasta entonces independiente en ambos lados de la cordillera— a la soberanía plena del Estado.

Varas realizó dicho informe en su calidad de visitador judicial de plazas fronterizas y "territorios habitados por indígenas no reducidos", mandato otorgado por la Cámara de Diputados en cumplimiento del acuerdo celebrado en la sesión del 20 de diciembre de 1848.

En su informe, fechado el 25 de septiembre de 1849, Varas marca distancia de quienes abogaban por la invasión militar a cañonazo limpio o por la integración forzada de los mapuche al Estado chileno.

Proponía, en cambio, avanzar en negociaciones y acuerdos con los lonkos principales, abogando por el resguardo de un estatus político diferente al resto del país, más acorde —subraya varias veces en el documento— con la realidad cultural de aquel territorio y coherente con la tradición diplomática mapuche de siglos con la corona española.

"Los territorios indígenas requieren un régimen y gobierno especial, diverso del que se observa en el resto de la República. En su gobierno interno, la independencia de las tribus es completa. Lo mismo se observa en las relaciones de las diversas tribus o parcialidades entre sí. Sus caciques los gobiernan sin tomar para nada en cuenta las autoridades de la República... ¿Debe prescindirse de este hecho y someter sus territorios al mismo régimen que el resto del Estado?", se pregunta Varas.

"No puede procederse a decretar su régimen como si se tratase de una provincia o región cualquiera. Un régimen basado sobre lo que existe es el que conviene desarrollar. Este orden de cosas procede de muy atrás; es el resultado de prácticas establecidas durante el régimen español", se responde a sí mismo en el informe.

"El indígena tiene un grande apego a sus costumbres, mucho respeto a lo que ha sido práctica entre ellos. Sujetarlos a autoridades que siempre han mirado como extrañas es despojarlos de su independencia que tanto estiman. El indígena es altanero; lo anima un espíritu de independencia e insumisión. Esa altanería la revela en su conducta con la autoridad chilena y con sus propios caciques. Es preciso domarla sin degradar su carácter", subraya.

No fue el de Varas un ejercicio académico o meramente intelectual. Su informe, advierte a la Cámara, fue elaborado tras recorrer en diversas oportunidades la zona de la Frontera y estar "en frecuente comunicación" con hombres que han vivido con los mapuche, que les han hecho la guerra o que han participado y conocen sus tradicionales formas de gobierno.

Estos mismos hombres son los que desaconsejan ante Varas el uso de la fuerza militar.

"Ellos ven que la conquista sería una flagrante injusticia", apunta. Y luego, reflexiona: "Es verdad que por la fuerza se impondría la autoridad del Estado pero a costa de muy duros sacrificios". No se trataba de chilenizar por la fuerza a los mapuche, se trataba de respetar sus formas de gobierno para así atraerlos a la "civilización".

Curiosamente ello pasaba también por restringir su contacto con los chilenos de la Frontera, tan o más "viciosos" que los propios mapuche, reconoce Varas y agrega:

> La entrada libre y franca al territorio araucano es causa de graves abusos contra ellos. No es raro que les roben, les engañen, que fomenten su desconfianza y provoquen de parte de ellos agresiones que pueden ser de funestas consecuencias. Exigir pasaporte para todo chileno que se interne en sus tierras sería un buen medio preventivo.

Sucede que muchos de sus informantes coincidían en un punto: los mapuche eran mucho más honestos que sus vecinos chilenos de la Frontera, y Varas relata en su informe:

> Entre un indígena y un chileno a quien no conozcamos bastante, damos la preferencia al indígena, me decían varios; son siempre más exactos en cumplir sus tratos. Más o menos en los mismos términos me han hablado un gran número de funcionarios de Frontera. La buena fe del indígena es reconocida y sin más garantía que su palabra.

Son muchas y variadas las observaciones que contiene el informe pero bien podrían resumirse en la siguiente frase de Varas: "Si las circunstancias de los gobernados son especiales, los medios de gobernarlos por necesidad han de ser también especiales".

"No conozco país alguno en que en circunstancias análogas no se haya tomado el mismo partido", agrega el político, citando los ejemplos de Estados Unidos con las tribus —las miran como independientes, comenta— y Venezuela con la Guajira. "Régimen excepcional y funcionarios especiales han aplicado ambos", señala.

El informe da cuenta de lo antiguo de un debate hoy central en el conflicto sureño; el tipo de relación que debiera existir entre el Estado chileno y las nueve primeras naciones que componen su territorio, el pueblo mapuche una de ellas.

¿Debe el territorio mapuche seguir siendo tratado por el Estado como una región, provincia o comuna cualquiera? ¿Deben seguir los mapuche sin poder desarrollar —dentro del Estado— sus propias formas de gobierno, sus propias jefaturas, su propio modo de ser y de hacer?

Reconocimiento del otro y traspaso de competencias; en otras palabras, autonomía político-administrativa. Es lo que Antonio Varas propuso en 1849 al Congreso Nacional y que lamentablemente nadie escuchó. Nunca será tarde para intentarlo.

Un mapuche verde olivo
Periódico Azkintuwe

En plena dictadura militar dejó los campos de Cholchol para formarse como militar en Cuba. Se especializó en Vietnam y combatió junto a los sandinistas a la "Contra" en Nicaragua. Veterano de guerras ajenas, es lo más cercano a un Che Guevara o un John Rambo mapuche que se pueda encontrar.

"Nadie que haya estado en una guerra desearía aquello para su propia gente", reflexiona hoy con sabiduría. En esta entrevista exclusiva con Azkintuwe rompe un largo silencio de más de dos décadas. Pero no así su anonimato.

"Peñi, hay cosas que han de permanecer ocultas", me responde cuando le pregunto su nombre. "Quechatoki es un nombre de guerra. Puede llamarme así", me dice, mientras atiza el fuego al interior de su ruca en las afueras de Cholchol.

Hasta allí nos trasladamos para conocer a un mapuche "internacionalista" y un "sobreviviente", como él mismo se define. "Soy un sobreviviente de la dictadura, de la muerte en la selva y de la propia izquierda que siempre me tildó como conflictivo", subraya.

—*¿Y por qué conflictivo?*
—Por ser mapuche. En aquellos años conocer el arte militar nos estaba vedado por dos motivos. Uno, por ser pobres. Y dos, por ser mapuche. El racismo en Chile es una cosa transversal, parte en la derecha y llega hasta la izquierda. Por eso siempre digo que fui una rara excepción junto a otro puñado de valientes hermanos.

—*¿A qué edad le tocó salir de Chile?*
—A los 18 años. Corría el año 1979, fue gracias al Partido Comunista, en el que militaba mi familia. Yo era un cabro de campo entonces, pero desde el año 1975 ya participábamos en mi comunidad y otras zonas en tareas conspirativas. Recorríamos toda la zona de Lautaro, Capitán Pastene, Lumaco, hasta alojé una vez en la casa del papá de

Aucán Huilcamán, don José Luis, un dirigente muy activo en aquellos años, fundador de lo que sería Ad Mapu. Fue el Partido Comunista el que me abrió una puerta para poder viajar a Cuba. Fui el único mapuche de un grupo bastante grande. Jóvenes en su mayoría, de 18 a 20 años. Todos eran winkas, militantes de las Juventudes Comunistas. Yo era el único mapuche, la oveja negra.

—¿*Cuál fue su motivación para enrolarse?*
—Quería conocer el arte militar. No me importaba la vía o el lugar. Fueran los comunistas o el MIR, me daba lo mismo. Mi familia y mi comunidad fueron duramente reprimidas en aquellos años, casi a diario, a cualquier hora del día o de la noche. Lo mismo veía yo en otras comunidades; una violencia durísima, cargada de racismo. En el pueblo de Cholchol hasta los winkas apaleaban a los mapuche. Te pillaban solo y te apaleaban. Todo eso me causaba una impotencia tremenda. Yo quería aprender el arte militar para regresar a mi tierra y aportar en algo.

—¿*Estuvo en la Escuela Militar de Cuba?*
—Estuve en una academia especial donde se formaban oficiales internacionalistas provenientes de Latinoamérica y también africanos, jóvenes de Angola y Mozambique en su mayoría. Todos los instructores eran oficiales cubanos, tipos de élite. Allí estuve más de dos años y me especialicé en mando de tropas generales, lo que acá sería la infantería. La preparación partía desde soldado hasta el mando de grandes unidades, hablamos de brigadas de mil o dos mil hombres.

—¿*Cuál fue su primera destinación?*
—Nos graduamos, un mes de vacaciones y nos enviaron a foguearnos a Centroamérica para adquirir experiencia práctica en combate. En mi caso fue Nicaragua. Llegamos a Managua y antes de ingresar a los frentes de guerra debíamos aclimatarnos un mes, por las condiciones de terreno y clima. Mi primera destinación militar fue la frontera con Honduras, allí combatimos, tiros de lado y lado. Mi segunda misión fue de asesoramiento de una brigada, en la VI Zona de Guerra, más de mil hombres, con dos centros de instrucción de soldados, conscriptos, los Cachorros de Sandino como se los llamaba. Volví en otras dos ocasiones a Nicaragua.

—¿*Es verdad que también estuvo en Vietnam?*
—Estuve siete meses en Vietnam y fue una experiencia muy enriquecedora para mí. Para un oficial y revolucionario de aquellos años,

ir a Vietnam eran palabras mayores. Estuve en Hanói, en la Academia Superior de Guerra. Nuestros profesores eran todos generales llenos de medallas, puros veteranos de la guerra contra los gringos. Con ellos aprendí estrategia, tácticas operativas, tropas terrestres y milicias, pero todo implicado con el pueblo, no como fuerzas armadas desvinculadas de la sociedad. Por eso triunfaron los vietnamitas; eran un pueblo armado y no una vanguardia iluminada o cúpula política tratando de "salvar al pueblo". Allí era el pueblo el protagonista. Yo veía eso y pensaba en mi gente mapuche. Soñaba. Mi idea era aprender y traer todo ese conocimiento si se daban las circunstancias y las condiciones, por supuesto.

—*Como hizo Lautaro.*

—Sí, como Lautaro y tantos otros de nuestra historia. Yo siempre reafirmaba esto, mi origen mapuche ante todo y eso me causaba roces con los otros compañeros chilenos. Hasta combos hubo por ahí. Teníamos diferentes perspectivas de la lucha en Chile. Para ellos todo trataba del "retorno de la democracia". Para mí, como mapuche, trataba de mucho más que eso, de liberarnos también nosotros como pueblo. Creo que el tiempo me ha dado la razón. Que yo sepa, ninguna democracia ha llegado para nosotros en el sur. Hoy nos siguen reprimiendo como siempre, el legado de Pinochet sigue intacto y ex mandos políticos nuestros hoy están en el Congreso, muy cómodos.

—*La mayoría de los oficiales que retornaban a Chile desde Cuba en los ochenta lo hacían para integrarse a las filas del Frente Patriótico Manuel Rodríguez. ¿Por qué no sucedió en su caso?*

—Tal vez porque habría sido un problema. Yo nunca comulgué con la idea del Frente, no al menos para el caso mapuche. Siempre pensé que, de darse las circunstancias, debía existir algo nuestro, propiamente mapuche, esa idea la defendí mucho y me trajo conflictos con varios en Cuba. Digamos que pagué los costos por ser más mapuchista.

—*¿A qué tipo de costos se refiere?*

—Como no poder regresar a Chile antes, como siempre fue mi deseo personal. Fui destinado en cuatro oportunidades a Nicaragua, primero a los frentes de guerra y luego como asesor del ejército sandinista. Veía a mis compañeros volver a Chile, pero yo seguía yendo y viniendo de Cuba a Nicaragua y otras destinaciones. Protestaba ante ello pero de poco servía, los mandos no me dejaban volver.

—¿Piensa que estaba vetado dentro del partido?

—Quizás. A veces lo sospechaba, me catalogaban siempre de conflictivo por mi discurso demasiado mapuche y no tan "revolucionario". La izquierda nos metía a todos en el mismo saco, lo siguen haciendo todavía; siempre los mapuche y nuestras luchas somos el agregado, nunca el plato principal. Lo mapuche o lo indígena como una "comisión" más dentro del partido, en eso no se diferencian mucho de la derecha u otro sector. Yo se los decía a la cara y eso me traía problemas.

—Pero hubo otros mapuche internacionalistas, como Moisés Marilao, que sí retornaron para integrarse al Frente y hoy lo reivindican incluso como uno de sus héroes.

—Sí, Moisés regresó a Chile el año 1985 y cayó tras un enfrentamiento con Carabineros en Temuco. Yo tuve largas conversaciones con Moisés. Él había llegado a Cuba mucho antes que yo, el año 1975 si mal no recuerdo, pero coincidimos en muchas ocasiones. Y hablábamos como peñi, como mapuche que éramos los dos, como hermanos de pueblo. Los sueños que teníamos con Moisés eran dar con un camino propio, no al alero de los winkas sino algo propio, no que nos impusieran los chilenos su proyecto político. Este también era el pensamiento de Moisés, lamentablemente poco conocido. Yo creo que los mapuche debiéramos reivindicar su memoria. Marilao fue un héroe condecorado en Cuba, el único condecorado de todo el contingente chileno que pasó por la isla en esos años.

—Se cuenta que salvó un tanque en un ejercicio, ¿es verdad?

—Así fue, sucedió en unos entrenamientos en la isla. Pasó que un tanque que realizaba maniobras comenzó a incendiarse. El tanque iba cargado con munición de guerra y se veía que sería un gran desastre. Todos huyeron pero Moisés, solo, descargó las municiones del tanque y lo salvó. La pérdida del tanque implicaba perder varios millones de dólares, así que fue condecorado por ello. Su arrojo y valentía en esa acción se comentaron muchísimo.

—¿Era en dictadura la vía armada el camino correcto para los mapuche?

—Como militar responsable nunca lo creí así. Se lo decía a la gente del Frente, que el camino militar en los mapuche no les iba a resultar. Esto de venir e imponer una estrategia militar desde fuera y con un proyecto social incluso que no daba cuenta de nuestra cultura, nuestra propia identidad, lo veía condenado al fracaso. Siempre lo pensé, sobre todo tras conocer la lucha vietnamita. Además, tú no puedes trasladar mecánicamente una guerrilla de Centroamérica al sur de Chile. Imposible. No se puede. ¡Si acá no hay selva, hay puros pinos! Y si lo haces en la cordillera es cosa de que los milicos acampen en el pueblo más cercano y se pongan a esperar. El invierno y el hambre acabarán contigo antes de disparar el primer tiro.

—*Le pasó precisamente al MIR en Neltume.*
—Eso fue un suicidio... si es fácil hablar de hacer la revolución armada, pero una cosa son los deseos personales, el voluntarismo, y otra muy distinta la realidad. Existen factores logísticos, geográficos, climáticos que juegan a favor o en contra de una estrategia militar, además del apoyo social y político de las masas. No bastan las puras ganas, se debe tener también sabiduría, eso aprendí de los hermanos vietnamitas, que fueron quienes más hondo calaron en mi formación militar.

—*¿Por qué los vietnamitas y no los cubanos?*
—Por su cultura, por su historia de lucha, por su humildad y grandeza. En Vietnam era como estar "entre peñi". Amaban su tierra y la defendían con bravura, pero sobre todo con inteligencia. Y no buscaban imponer una ideología a nadie. Allá se respetaban las creencias, las religiones, las lenguas, toda la diversidad interna del país, eso me gustaba mucho, no existía la uniformidad y el dogmatismo de la izquierda de nuestro hemisferio. Cuando estuve en Vietnam reflexioné mucho sobre la "Contra" de Nicaragua, a quienes yo mismo había combatido años antes.

—*Ellos en su mayoría eran indígenas misquitos defendiendo su territorio de los sandinistas.*
—Así es y muchas veces pensaba que tal vez yo me había equivocado de bando. Eran bravos los misquitos, valientes, buenos guerreros. Es cierto que eran apoyados por los gringos, por la CIA, pero al fin y al cabo defendían su territorio, su mapu. Eso nunca lo entendieron los jefes sandinistas, fueron ciegos frente a esa realidad y es algo que sucedió en toda Latinoamérica. Ahora, viendo las cosas en perspectiva, es muy probable que sí me haya equivocado de bando. Ya sabemos en qué terminó la revolución sandinista y sus comandantes, en toda esa corrupción política.

—*¿Qué opina cuando hoy se vincula tan ligeramente a los mapuche con las FARC?*
—Pienso que es no entender mucho de los mapuche y tampoco la guerra interna en Colombia. Allí uno de los sectores más golpeados han sido precisamente los pueblos indígenas, víctimas del fuego cruzado de la guerrilla, el ejército y los paramilitares. Colombia y las FARC no veo

por dónde puedan ser un referente para nosotros. Y para qué vamos a hablar de otros factores, como las diferencias geográficas, climáticas; La Araucanía no es el Cauca.

—*¿Cómo ve la lucha mapuche actual?*
—La veo muy dividida, creo que nos falta mayor unidad política. Pero tengo confianza en las nuevas generaciones, ellas estarán libres de los vicios del pasado, de las lealtades políticas winkas que muchos dirigentes arrastran todavía. Los líderes clásicos mapuche vienen de contradicciones izquierda-derecha heredadas de la Guerra Fría. Y hacen política bajo esa lógica. Hay que trabajar una tercera vía, propiamente mapuche, que se nutra de elementos culturales, políticos y filosóficos nuestros, tomando también del pensamiento político winka aquello que nos sirva. Y hay que trabajar inclusivamente, luchar por construir una sociedad mejor para todos en nuestro territorio, sean mapuche o chilenos. No es bueno pensar solo en nosotros. El desafío es que se nos respete y que podamos ejercer nuestros derechos, luchar por algún tipo de autonomía dentro del Estado.

—*¿Y la lucha armada?*
—Creo en la vía política, en la lucha democrática. Los mapuche somos una cultura de paz, un pueblo de paz, agredido pero nunca agresor. Además, nadie que haya estado en una guerra desearía aquello para su propia gente, quienes nunca han estado en una guerra son los que fantasean con ella. Hoy nos reprimen los carabineros y ya es brutal para nuestra gente. El día en que los militares ocupen su lugar sería una verdadera masacre, estoy seguro. Hay que tener madurez para entenderlo.

Los once del Fuerte Lumaco
La Tercera, 10/septiembre/2019

Semanas atrás estuve en Angol visitando el Museo Histórico de la ciudad y charlando con don Hugo Gallegos, su amable director. El museo —lamentablemente ubicado a trasmano del centro— es un imperdible para conocer la verdadera historia regional.

Angol fue la principal base de operaciones de la invasión chilena al territorio mapuche del oeste. Para ello fue refundada en 1862 por las tropas del entonces coronel Cornelio Saavedra. Sí, refundada. Pasa que Angol tiene mucha historia.

Fundada originalmente en 1553 por el conquistador de Chile, Pedro de Valdivia, fue destruida por los mapuche en la gran rebelión de 1600, vuelta a fundar en 1637 y abandonada definitivamente en 1641 tras las Paces de Quilín, cuando España reconoció la independencia mapuche al sur del río Biobío.

Así se mantuvo, despoblada por casi tres siglos. Hasta que llegó el Estado con sus tropas desde el norte. Y junto a ellos los colonos extranjeros, hacendados como José Bunster y una ambición enfermiza por las tierras.

Mucho de esa historia se cuenta sin anestesia en el Museo de Angol. Allí los archivos judiciales y las escrituras notariales que prueban el despojo violento y la usurpación legal del Wallmapu de nuestros bisabuelos. Las compras fraudulentas, los arriendos a noventa y nueve años, las estafas con alcohol, todo un abanico de actuaciones ilícitas y poco santas.

Pero no solo eso. Su amable director compartió conmigo un archivo de incalculable valor histórico: el sumario militar por el asesinato de once mapuche en las celdas del Fuerte Lumaco el 12 de noviembre de 1881.

Aquel año tuvo lugar la última gran sublevación mapuche que contempló ataques a la mayoría de los fuertes militares en la línea de los ríos Malleco y Cautín. Tras ser sofocada no hubo piedad con los lonkos y weichafe capturados; la mayoría de ellos fueron pasados por las armas en el acto y sus posesiones, saqueadas.

Quienes se refugiaron en lo profundo de la selva no tuvieron mejor suerte; fueron perseguidos por los lleulles, soldados de reserva, el roto chileno experto en pacificar por la espalda, quemar rucas y arrear ganado ajeno.

Por hallarse el grueso del Ejército todavía en la ocupación de Lima, los lleulles fueron los encargados de realizar el trabajo sucio. Era una particular fuerza armada de frontera, mezcla de ejército regular y banda de forajidos.

Su particular nombre dice relación con el lleullequén, el cernícalo, pequeño halcón que obtiene su alimento por la fuerza y con el cual eran comparados por los mapuche de manera despectiva. Es que así se comportaban los lleulles, como verdaderas aves rapaces.

"Sujetos desposeídos que harían lo posible por obtener algo del despojo, aunque sea su propio alimento", escribe sobre ellos Mathias Órdenes, académico de la Universidad Católica de Temuco.

Pues bien, uno de los episodios más luctuosos de aquellos días ocurrió en el Fuerte Lumaco. Según los involucrados, se trató de un violento intento de fuga sofocado por la guardia nocturna a balazos. Pero el general Gregorio Urrutia tuvo dudas y ordenó un sumario a fondo. Pasa que entre los muertos estaban Lorenzo Colipi y José Marileo Colipi, hermanos del célebre capitán Juan Colipi, héroe de la guerra contra la Confederación Perú-Boliviana y miembro de un poderoso y respetado clan mapuche del siglo XIX.

La investigación pronto reveló lo que en verdad aconteció aquella noche: se trató de una vil ejecución a sangre fría.

"A nuestra entrada a la celda todos los indios estaban desarmados y rogando por sus vidas. No me consta ningún acto de hostilidad para con la tropa que guardaba la puerta", declaró el Sargento 1º del Batallón Movilizado Ñuble, Erasmo Contreras, jefe de guardia aquella noche.

"Mi capitán Contreras nos mandó cargar, entrar al calabozo contiguo y fusilar a los otros seis indios que había allí", agregó el soldado Leandro Ortiz, vigilante de armas del cuartel, ante el fiscal a cargo del sumario. Y los testimonios suman y siguen. Pese a ello, el sumario ordenado por Urrutia solo aclaró lo sucedido; se cerró finalmente sin culpables.

En el Museo de Angol se encuentra el expediente original con todos los testimonios de aquella inédita investigación judicial. Si puede, en sus próximas vacaciones al sur, visítelo junto a sus hijos. Todos aprenderán un poco más sobre la verdadera historia de nuestra región.

Greta, una líder global
La Tercera, 9/octubre/2019

Es la pregunta de moda en estos días, si uno está a favor o en contra de Greta Thunberg, la adolescente sueca símbolo mundial de la lucha contra el calentamiento global y líder del movimiento *Fridays for future*. Me lo consultan a diario en redes sociales, mi posición al respecto. Primero vamos al fondo, su discurso, y después a la forma, su tipo de liderazgo.

En lo primero, imposible no estar de acuerdo con ella.

El calentamiento global es, desde todo punto de vista, una realidad indiscutible. Lo advierte la comunidad científica hace décadas, también los pueblos originarios con sus luchas y bien harían los Estados en tomar conciencia al respecto. Es, además, un fenómeno que preocupa a millones de jóvenes alrededor del mundo. Así lo prueban sus masivas movilizaciones en días recientes.

Hay quienes por cierto niegan el cambio climático.

Uno de los más célebres "negacionistas" globales es el presidente Donald Trump, quien retiró a su país del Acuerdo de París, foro donde se intenta trazar un camino hacia un mundo sostenible mediante cambios en la economía global.

Impulsado en sus inicios por el entonces presidente Barack Obama, Trump lo califica sin embargo como un "muy mal acuerdo", llegando a sostener que su trasfondo sería nada menos que un "invento" de los chinos para perjudicar la industria estadounidense.

Negacionistas como Trump son los principales críticos de Greta. La acusan de ser solo un producto del marketing ecologista, un monigote del llamado "capitalismo verde" y sus lobistas. Otros, más preocupados de la mensajera que del mensaje, cuestionan su imperturbable seriedad, el síndrome de Asperger que le fue diagnosticado, el tono a ratos apocalíptico de su discurso y el perfil de sus patrocinadores.

También cuestionan, por supuesto, su corta edad, demasiado como para ser tomada en serio.

Recientemente Wladimir Putin la calificó como "una adolescente gentil pero mal informada", y la invitó a volver al colegio en vez de usurpar un rol político reservado, en teoría, para la pericia y sabiduría de los adultos.

El método utilizado por Greta para responder a Putin fue tan sutil como genial. En su biografía de Twitter escribió: una "gentil adolescente pero mal informada". Algo similar había hecho semanas atrás con Donald Trump.

Es aquí, en las descalificaciones por su edad, donde llegamos al segundo aspecto de la pregunta inicial: su tipo de liderazgo. Solo puedo decir que una niña con ideas, oratoria y visión de futuro es algo que la cultura mapuche valora muchísimo. No así la cultura winka, que los trata habitualmente como subnormales o desadaptados.

Para los mapuche, los niños y niñas son en verdad pichikeche, "personas pequeñas", y cultivar en ellos autonomía, liderazgo y voz propia es un valioso mandato cultural. Así lo era sobre todo en el Wallmapu antiguo.

Lo cuenta el viajero estadounidense Edmond Reuel Smith, quien recorrió nuestra región en 1853, sorprendiéndole el trato de la sociedad mapuche con los niños y niñas. Estos nunca eran castigados, cuenta Smith, ya que existía la creencia de que el castigo era degradante y los privaba de valentía e iniciativa personal siendo adultos.

"Ello les inculca en la adolescencia un sano espíritu de independencia y una crianza digna de naciones civilizadas", concluye. Es el caso de Greta Thunberg, la pequeña líder ambientalista que visitará Chile en la próxima COP25 y que, guste o no, ha fascinado con su liderazgo al planeta entero.

Chile despertó
La Nación de Argentina, 25/octubre/2019

"Chile despertó". Fue la consigna que pobló calles, muros y hashtags en redes sociales, dando cuenta del fin de una larga siesta neoliberal. Demasiado larga para mi gusto.

Dicen que las grandes revoluciones estallan por la ausencia de un bien básico, como el pan en la Revolución Francesa. O bien por un alza en el costo de la vida. En Chile fue el aumento en el valor del pasaje del metro, insignificante para la élite de los 25 mil dólares per cápita pero una bofetada para millones de chilenos que sobreviven con apenas cuatrocientos dólares al mes, el mínimo.

Ello gatilló masivas evasiones protagonizadas por estudiantes que hace años gambetean a las autoridades y la fuerza pública. Ya lo habían hecho el 2011 en un estallido juvenil que tumbó a sucesivos ministros de Educación, logrando reponer, tras meses de movilizaciones, la gratuidad en la educación pública universitaria. También gobernaba Piñera.

En el país donde el libre mercado es un dogma, esos cabros mostraron a varios un camino.

Hoy el detonante fue un alza en el metro pero el combustible, un descontento de larga data con un modelo económico y social excluyente como pocos en el mundo: sueldos y pensiones miserables, mercantilización de derechos sociales básicos como salud, educación y vivienda, precarización laboral, el lado B del también llamado "milagro chileno" y su aparente estabilidad en la región, aquel "oasis" del que habló Piñera en el Financial Times.

Otro factor fue la clase política y sus chambonadas.

Es tal la desconexión de las autoridades con el ciudadano de a pie que un ministro sugirió que las personas madrugaran para enfrentar el alza del metro. Mientras más temprano, más barato, les dijo a los usuarios, sin caer en cuenta de que por la lejanía de sus hogares los condenaba básicamente a no dormir.

Otro ministro, también emplazado por las alzas, aseguró que las flores habían bajado de precio. Sean todos más románticos, propuso burlesco. Está en los diarios lo que sus palabras desataron.

"No es por treinta pesos, es por treinta años", otra de las consignas en una semana de protestas, sublevación y violencia. Sí, violencia, en gran parte espontánea y sin agenda política detrás. Ello descolocó a las autoridades; también la magnitud de los saqueos y el fuego consumiendo infraestructura pública y privada en varias ciudades.

"Estamos absolutamente sobrepasados, es como una invasión alienígena", se escucha decir a la primera dama, Cecilia Morel, en un audio filtrado los primeros días del estallido. Pero no eran extraterrestres.

Lumpemproletariado lo llamó Frantz Fanon al teorizar sobre las luchas de descolonización en África. Marginados sociales, bandidos y desclasados de la periferia urbana, aquellos que bien dirigidos —escribió Mao— pueden devenir en una gran fuerza revolucionaria.

Pero ninguna utopía ideológica empujó a estos chilenos al caos y el saqueo callejero. Tampoco Nicolás Maduro, como llegó a insinuar un febril comunicado de la OEA. Fue la rabia. El enojo. Santiago era Ciudad Gótica y el Guasón parecía estar a cargo, no Batman.

Pero la violencia, tan rápido como apareció, dio paso a masivas concentraciones pacíficas. Valparaíso, Viña del Mar y Concepción, tres ciudades que han sido protagonistas, todas bajo control militar. Qué decir de Santiago, la capital.

El viernes más de un millón de personas marcharon por sus calles exigiendo dignidad y no más abusos. Para muchos ello significa un cambio en el modelo económico y el fin del pacto social derivado de la Constitución Política de 1980, ambas herencias de la dictadura militar de Pinochet.

La encrucijada para el presidente Sebastián Piñera no es menor: oponerse a un reclamo ciudadano que ha desbordado su gobierno o bien enmendar el rumbo con un nuevo gabinete y, sobre todo, un nuevo relato. Lo primero implica agravar la actual crisis y lo segundo, dar cauce político a un sorpresivo momento constituyente que Michelle Bachelet, su antecesora, nunca tuvo.

Si me lo pregunta, Piñera debería tomar nota. La historia pocas veces toca la puerta de un mandatario de esta manera.

Una ruca donde quepamos todos y todas
La Tercera, 20/noviembre/2019

Es oficial, Chile tendrá por fin una nueva Constitución Política. En el acuerdo parlamentario del pasado jueves se determinó que haya un plebiscito de entrada en abril de 2020, en el que se pregunte a la ciudadanía si quiere que se redacte una nueva Carta Fundamental. También se consultará sobre el tipo de órgano que la debiera redactar. Se entregarán dos opciones: una Convención Mixta Constituyente, con 50% de integrantes electos y otro 50% de parlamentarios, o una Convención Constituyente, con 100% de delegados electos.

Esta última es básicamente una Asamblea Constituyente pero en Chile, país de eufemismos, se optó por cambiar su nombre. Vaya a saber uno realmente el porqué.

Pero no nos perdamos como los maximalistas; lo relevante no es el nombre, lo relevante será el contenido de la nueva Constitución, el texto de aquel pacto social que regirá nuestros destinos por los próximos treinta o cuarenta años. Y allí los mapuche y todos los habitantes de Wallmapu tenemos mucho que aportar para construir un mejor país y dotarnos de una mejor democracia.

Uno de los principales déficit en el conflicto étnico que nos afecta es la ausencia de vías políticas de solución. Y de diálogo real entre el Estado y las naciones originarias. Ha primado por décadas el asistencialismo de Estado —proyectos, subsidios, zanahorias— y la contención policial —represión, cárcel, garrotes—, este último, un remedio mucho peor que la enfermedad.

Carabineros no ha solucionado el conflicto, lo ha agravado. No ha traído paz social, la ha dinamitado. Quien tenga dudas recuerde la Operación Huracán y el crimen de Camilo Catrillanca, dos de las vergüenzas institucionales —y delitos, no lo olvidemos— más graves del último tiempo.

Puestas así las cosas, hoy se abre una oportunidad de oro para el debate ciudadano y el diálogo intercultural. Dicho en clave mapuche, para el trawün, el nütram, el weupin y el koyaktu, tradicionales formas de deliberación al interior de una cultura que de parlamento sabe, y bastante.

Se abre también una oportunidad impensada hace unas semanas para todos quienes reclamamos de Chile un trato distinto. O cuando menos uno más honesto con su historia. ¿Permitiremos acaso que la nueva Constitución siga negando nuestra existencia como pueblos? Ello implica participar, ser protagonistas, no restarnos de un momento único.

La madre de todas las batallas para los pueblos originarios es el Estado Plurinacional. Ello significa desahuciar de una vez por todas el viejo y mal oliente Estado-nación, camisa de fuerza impuesta por las élites del siglo XIX para favorecer intereses mercantiles travestidos de unidad nacional.

El nuevo pacto social debe reconocer que el Estado lo compone la nación chilena y otras nueve naciones originarias. O bien nueve primeras naciones —*first nations*—, nombre y trato que reciben las tribus en Canadá y Estados Unidos, dos democracias del primer mundo con las cuales políticos y empresarios gustan compararse cuando les conviene.

"No hay nada de arcaísmo en las demandas de los pueblos originarios. No reivindican una identidad antigua, algo que durante siglos hubiera estado suspendida en el tiempo, perviviendo subterránea y ajena de lo que hemos llamado conciencia nacional y ciudadanía. Todo lo contrario", escribe el abogado Carlos Peña, rector de la Universidad Diego Portales y columnista dominical de El Mercurio, en el prólogo de mi libro *Esa ruca llamada Chile* (2015).

"Estos pueblos y sus integrantes han forjado una identidad en diálogo con la nación chilena, pero una identidad que no logra fundirse con ella y que reclama entonces reconocimiento y valoración. Esa es la deuda que asoma en el Chile actual; la falta de reconocimiento. Y quien aboga por el reconocimiento aboga por el derecho a la diferencia, a la heterogeneidad de la sociedad en la que vive", agregó pedagógico.

De ello trata, ni más ni menos, el desafío que tenemos todos y todas por delante; abogar por nuestro derecho a la diferencia. La ficción del Estado de una sola nación, una sola bandera y una sola cultura nos ha asfixiado ya por demasiado tiempo. Quinientos años en el caso de los pueblos andinos. Poco más de un siglo a los mapuche y rapanui.

Chile debe pasar del Estado-nación del siglo XIX a un moderno e inclusivo Estado Plurinacional del siglo XXI. De una mediagua estrecha, incómoda, a una ruca espaciosa y amable donde por fin quepamos todos.

Chile ya despertó. Algunos, lo reconozco, pensamos que algo así jamás sucedería. Primero nos liberamos los mapuche, luego invadimos

Chile y los anexamos a nuestras democráticas y ancestrales formas de gobierno, creí siempre. Pero está pasando. Chile despertó y el proceso constituyente que derogará la Constitución Política del régimen militar —con sus luces y sombras— ya está en marcha.

Nadie debería restarse de un momento tan decisivo para nuestra futura convivencia.

Un buen chiste
Austral de Temuco, 15/diciembre/2019

A propósito de la senadora Ena von Baer (UDI) y su tajante rechazo a los escaños reservados para pueblos indígenas en la futura Convención Constituyente, recordé un episodio que viví en Temuco años atrás. Refleja muy bien a dicho sector político y sus votantes. Y también a muchos de los descendientes de colonos que cohabitan con nosotros este maltratado suelo.

Cierta vez, en una charla equis, me enfrasqué en una discusión con un par de descendientes de inmigrantes alemanes. Básicamente, me reprocharon lo que llamaron "comodidad mapuche" de pedir todo siempre al Estado y nuestra "falta de iniciativa propia".

La de ambos fue una forma elegante de decir que los mapuche seguíamos siendo una tropa de flojos de remate, tal como nos describieron por más de un siglo los viejos textos y manuales escolares.

"Piensa por ejemplo en nuestros bisabuelos, Pedro. Ellos llegaron de Europa sin nada y salieron adelante con su propio esfuerzo", me dijeron a coro.

Les aclaré de inmediato que la mayoría de sus bisabuelos en verdad recibió del Estado chileno generosas hectáreas de tierras, herramientas para labranza, semillas para el cultivo, créditos del fisco, protección militar y un largo etcétera para colonizar nuestro territorio.

"Es posible, pero piensa en todo lo que lograron después sin apoyo de nadie", me contra-argumentó uno de ellos, el más entusiasta. "El Colegio Alemán, por ejemplo, fruto de la iniciativa y del trabajo de nuestra colonia, sin apoyo, sin recursos públicos, sacado adelante con la disciplina y la ética del trabajo propias de la cultura germana", me espoloneó de inmediato el otro.

Como desconocía totalmente la historia del famoso colegio, preferí callar. Una pena que no hubiera tenido en ese tiempo noticias de una carta fechada el 28 de enero de 1889 y que encontré en mis investigaciones para el tomo 2 de mi libro *Historia secreta mapuche*.

En ella, el Supremo Gobierno notifica a los señores Teodoro Schmidt, Federico Dreves, César Kluse y Rodolfo Hardtmann, representantes de la Colonia Alemana en esos años, de la aceptación de su solicitud de contar con un colegio mixto en Temuco "para la educación de niños alemanes y chilenos y los auxilios pecuniarios necesarios" para tal efecto.

Acto seguido, la carta autoriza al intendente de Cautín girar los dineros necesarios para invertir en el pago de "las maderas y clavos que van a emplearse en la construcción del referido colegio"; destinar "los sitios 1 y 2 de la manzana 25, demarcados en el plano de Temuco, para que en ellos se levante el edificio", y por último la designación de un preceptor que pudiera ejercer allí sus funciones.

Todo, por supuesto, con cargo al presupuesto público.

He allí la prueba fehaciente de que a veces no basta con las puras ganas o el esfuerzo; se requiere de los necesarios apoyos estatales. Pasa que no son limosnas lo que demandan los mapuche a las autoridades de gobierno, son derechos reconocidos en la legislación interna y también en tratados internacionales.

Tampoco eran limosnas las peticiones que hace un siglo realizaban los inmigrantes al mismo Estado que los trajo desde Europa a poblar un territorio ajeno y de posguerra. ¿Por qué, entonces, el doble estándar?

Sucede que hay quienes gustan de los mitos. Uno de ellos es que la colonización extranjera de Wallmapu fue poco menos que a pulso, una verdadera gesta heroica de abuelos y abuelas venidos de lejanas latitudes, prueba de una cultura y un talante evidentemente superiores.

Son fantasías que comúnmente se transmiten de generación en generación. Solo ética del trabajo y disciplina germana, argumentaron aquella vez mis dos locuaces interpeladores. Como chiste, es bueno.

Temuco y su historia
Periódico Azkintuwe

Temuco, escribió un testigo de sus primeros días, no se fundó, se hizo. "Esta ciudad es hija de los hombres y no un accidente caprichoso. Como ciudad ninguna, ésta fue hecha por sus hijos", escribió en sus memorias el colono chileno Ricardo Galindo. Y tiene razón, Temuco no se fundó. Se hizo. Se hizo como parte de una estrategia de guerra.

El viejo fuerte militar se levantó un 24 de febrero del año 1881. Su fundador fue Manuel Recabarren, ministro del Interior del presidente Aníbal Pinto, quien salió desde el poblado de Traiguén con dirección al valle del Ñielol los primeros días de febrero de aquel año.

Su viaje fue respuesta al alzamiento militar que desde el año anterior venían impulsando las jefaturas mapuche. Los lonkos buscaban frenar el avance chileno y también los abusos de las Guardias Cívicas, mezcla de ejército regular y banda de forajidos que al estallar la Guerra del Pacífico reemplazó en la Frontera al Ejército de Línea.

La fuerza expedicionaria estaba compuesta por dos mil hombres y la integraban el coronel Gregorio Urrutia, viejo veterano de la Frontera; el ingeniero alemán Teodoro Schmidt; el ingeniero de ferrocarriles Eugenio Poisson, y el magnate José Bunster, principal proveedor del Ejército. La logística requerida fue impresionante.

El ministro Recabarren, cuentan los historiadores, necesitaba acarrear treinta mil tablas, dieciséis mil planchas de fierro galvanizado para techos, forraje para trescientos caballos durante los próximos cuatro meses de invierno, artículos de alimentación, herramientas, pertrechos militares y un largo etcétera.

Todo ello exigía un total de tres mil seiscientas carretas para su traslado. Y si bien el ministro eliminó las tablas optando por aserrarlas en las cercanías de cada fuerte, así y todo la caravana resultó gigantesca: 336 carretas y sobre quinientas yuntas de bueyes.

Contaba además con equipos completos de sanidad militar, cirujanos y enfermeros, y personal especializado para levantar fuertes, hacer fosos en los pueblos y cablear las líneas del telégrafo. Se trataba ya no de un ejército expedicionario y punitivo; era un ejército de ocupación permanente.

El plan de Recabarren era sembrar la línea del río Cautín de fuertes militares y conectarlos vía telégrafo. Y así lo hizo. En su camino levantó los fuertes de Quino el día 12; Quillém, actual ciudad de Perquenco, el día 16; Aníbal Pinto, actual ciudad de Lautaro, el día 18, y Pillanlelbún el 21 de febrero.

Es en este tramo que el ministro encuentra una carta firmada por cuarenta lonkos mapuche en la que le hacen saber su férrea oposición a la fundación de pueblos en sus tierras. Le advierten, además, que contaban con "ciento cincuenta rifles y muchas lanzas". Poca importancia les dio el ministro.

Dos días más tarde, el 23 de febrero, la expedición llegó abriéndose camino entre los árboles al paso del río Cautín, ubicado en el desfiladero existente entre los cerros Ñielol y Conunhuenu, frente al bosque de Chaimahuida.

"Al frente de una extensa y exuberante montaña se presentaba al norte una hermosa y fértil llanura, donde remataba la cordillera de Ñielol. Era un bosque de robles seculares y la vega del río estaba cubierta de la más hermosa selva virgen", se lee en el *Álbum-Guía del Cincuentenario de Temuco*, publicado en 1931.

En lo que actualmente es el Museo Ferroviario Pablo Neruda, sector de Pueblo Nuevo, se estableció un primer campamento, más no el fuerte definitivo. Se trataba de un amplio lugar con gran cantidad de árboles: robles, raulíes, coigües, ulmos, laureles, con abundante pasto y pequeñas aguadas que corrían hacia el río, una de ellas el estero Temuco que daba su nombre al territorio.

Al fuerte le correspondería nacer el día siguiente un par de kilómetros más al sur, en el claro de un bosque de robles que el ingeniero alemán Teodoro Schmidt consideró el más adecuado. La tierra, por cierto, tenía dueño; era propiedad del lonko Ramón Lienán cuyas rucas se encontraban en el actual emplazamiento del Hotel Frontera, a un costado de la Plaza de Armas.

En vano reclamó el viejo Lienán por la llegada de los soldados chilenos a su bella comarca.

"Ya no había espacio ni para enviados protocolares ni parlamentos engañosos. Esta vez la expedición militar iba a tomar posesión del territorio, iban decididos a hacer patria", escribe el historiador José Ancán.

De nada sirvieron tampoco las súplicas de Coñuepán, Paillal, Painevilo y Painemal, lonkos que se presentaron ante Recabarren al mismo tiempo que la soldadesca excavaba fosos y levantaba cercos. Todos pidieron al ministro detener las obras y no seguir fundando pueblos. Su respuesta fue que debían aceptar las decisiones del "Sr. Gobierno".

Se cuenta que, dada la resistencia de los lonkos y para que no quedasen dudas, Recabarren ordenó a las tropas realizar una serie de ejercicios y hacer funcionar dos baterías de ametralladoras gatling en dirección a una de las laderas del cerro Ñielol. Así lo hicieron los soldados. Mientras ambas gatling escupían fuego sobre las copas de centenarios árboles, Recabarren advirtió a los lonkos que estas eran las armas que habían vencido a las tropas del Perú. El mensaje fue recibido por los lonkos. Fuerte y claro.

Las obras, como ya supondrán, no se detuvieron.

Con palas, picotas, chuzos y rozones, grupos de soldados limpiaron durante días el terreno escogido para levantar el fuerte y sus dependencias. En puntos cercanos otro grupo de hacheros derribaba robles, mientras otros labraban la madera gruesa en improvisados aserraderos.

Los winkas habían llegado al corazón del país mapuche y su intención esta vez era quedarse.

El fuerte se emplazaría justo frente a la isla que forman los brazos del río Cautín, en el lugar del actual Regimiento Tucapel. A los pocos días ya contaba con cuarteles, varios galpones para el acopio de víveres, leña y forraje, caballerizas y dependencias para alojar a más de trescientos soldados.

Se construyeron también dentro del fuerte numerosas mediaguas de tablas sin cepillar y casas de madera para los comerciantes que acompañaban al ministro y que, temerosos de posibles ataques, buscaban el amparo de las tropas.

Tras regresar Recabarren a la capital, el fuerte quedó guarnecido con trescientos cincuenta soldados del Batallón Biobío y ciento cincuenta del Batallón de Carabineros de Angol. Comandante de la plaza fue designado el teniente coronel Pedro Cartes, del Escuadrón de Carabineros de la Frontera; sería la primera autoridad del fuerte.

Según el testimonio del excapitán del Batallón Biobío, Caupolicán Santa Cruz, dado en 1931 a los 75 años de edad, el acta de fundación del fuerte se puso en una botella y luego en un tarro con sus sellos correspondientes. Cuenta Santa Cruz que fue firmada por varios oficiales de alto rango y enseguida "enterrada en el centro exacto del fuerte, en medio de cuatro grandes robles que allí había".

Dicha acta seguiría enterrada al interior del Tucapel hasta nuestros días.

***

Tan solo ocho días después de su nacimiento el fuerte quedó comunicado por telégrafo y correo con el resto de Chile. Estas faenas fueron lideradas por el capitán Francisco Ortega. En su exterior, en dirección hacia el cerro Ñielol y de espaldas al río Cautín, se formaría luego el poblado.

Las primeras calles de Temuco delineadas por Teodoro Schmidt, partiendo desde el cuartel, fueron las actuales Arturo Prat y Benjamín Vicuña Mackenna, de orientación norte-sur; y las calles O'Higgins y San Martín, pasando la primera frente al cuartel en dirección este-oeste.

La primera manzana frente al cuartel sería destinada a plaza pública y hasta hoy recuerda al fundador de la ciudad. Me refiero a la Plaza Manuel Recabarren, también conocida popularmente como Plaza del Regimiento, la principal de Temuco en sus primeros años.

Tres meses más tarde el poblado crecía y se desarrollaba gracias a "la plata del soldado" y el "empuje del colono". Lo siguiente informa el 1 de mayo de 1881 el intendente del Ejército, Matías Rioseco, al ministro de Guerra:

> Hay entregados veinte sitios, la mayoría a particulares y todos están cerrados, varios tienen ranchos y los demás deben construirlos pronto (...) Temuco como usted ve adelanta rápidamente. A juzgar por la feracidad de su suelo y por su proximidad a reducciones muy ricas, llegará un día y no parece lejano en que se asiente ahí una población floreciente.

Pero mientras unos construían el poblado, otros, fusil al hombro, atentos debían vigilar cada uno de sus avances. Pasa que desde el primer minuto los jefes mapuche de los alrededores comenzaron a hostilizar a los recién llegados.

No nos olvidemos, Temuco no se fundó, se hizo a consecuencia de una tarea militar: consolidar la invasión del país mapuche occidental.

Ello implicó que sus primeros habitantes vivieran en constante zafarrancho de combate, sujetos a la vida marcial que exigía la jurisdicción castrense. La región completa se mantendría por años bajo tutela militar y no de civiles, tal como ordenaba la Constitución para el resto del país.

No eran triviales las razones que tuvieron gobiernos anteriores para no entregar a civiles el mando de La Araucanía; la región, pese a lo avanzado de la invasión, seguía siendo un teatro de operaciones militares. Por ello se la mantuvo bajo el mando castrense radicado en la ciudad de Angol.

Pasa que derrotados los mapuche no estaban.

Consta que el 27 de febrero de 1881, misma semana de la fundación del cuartel, medio millar de guerreros a caballo intentaron irrumpir en sus dependencias, siendo repelidos por los soldados y nutrido fuego de artillería. Fue una de las tantas bienvenidas a Recabarren y su tropa.

Impedidos por el poder de fuego de los soldados de un ataque directo, en los meses siguientes las escaramuzas se concentraron en los alrededores del fuerte y del caserío: ataques a convoyes que transportaban mercancías y colonos desde Traiguén o Angol, cortes del telégrafo, emboscadas a patrullas y asaltos a las caballadas del fuerte cuando salían a "forrajear" en las cercanías.

"Desde que el ministro fue a dirigir la campaña a la frontera hasta la fecha han muerto a manos de los indios más de cien soldados chilenos, fuera de los paisanos que pasan otros cien", informaba alarmado El Mercurio de Valparaíso en su edición del 26 de marzo de 1881.

Lo que no sabía el diario porteño es que ocho meses más tarde el fuerte viviría su gran prueba de fuego: el Füta Malón de 1881, el último gran levantamiento general. Iniciado el 5 de noviembre, registró ataques mapuche en ambos lados de la cordillera, incluida la línea de fuertes de los ríos Malleco y Cautín.

Los fuertes de Ñielol y Temuco, si bien fueron sitiados por más de un millar de guerreros, resistieron el asedio. Tras combates que se prolongaron por varios días, los mapuche fueron obligados finalmente a replegarse hacia la espesa selva: fusiles, artillería y las devastadoras gatling resultaron una barrera infranqueable.

La defensa de Temuco estuvo a cargo del sargento mayor Bonifacio Burgos.

Se cuenta que aniquiló una columna mapuche completa tras perseguirla con soldados por la bajada de Santa Rosa. En la Quinta Pomona quedaron ochenta muertos, entre ellos tres lonkos venidos desde Llaima a respaldar la insurrección. Allí también quedó el caballo del mayor Burgos; con certeros lanzazos los weichafe le vaciaron sus intestinos.

Dicho sector fue bautizado como La Mortandad por los habitantes de Temuco. Ubicado al noreste de la ciudad, allí se emplaza hoy el barrio Pomona de la población Santa Rosa.

Derrotados tras el alzamiento los últimos grupos rebeldes, fue labor del coronel Gregorio Urrutia ocupar todo el territorio, levantando los fuertes militares de Carahue, Cholchol, Galvarino, Nueva Imperial, Curacautín, Victoria y Freire. Lo haría acompañado del ministro de Guerra, Carlos Castellón, quien se trasladó desde Santiago en febrero del año 1882 para realizar un recorrido similar al de Recabarren un año antes.

La tarea de Urrutia concluiría recién en diciembre de 1883 con la refundación de la histórica ciudad española de Villarrica, la "bella durmiente" destruida por los mapuche a comienzos del siglo XVII y que permaneció casi tres siglos cubierta por la espesa selva sureña.

"Robles corpulentos, centenarios y robustos se alzaban desde los cimientos de las antiguas moradas españolas. En 281 años su copa se alzaba ufana hacia las blancas nubes", describe un cronista de la época aquel bello espectáculo.

La historia de su destrucción en 1601 y el sitio que la afectó por largos dos años constituyen la trama argumental de la serie *Sitiados*, exitosa coproducción de TVN y la cadena FOX internacional. Estrenada el año 2015, batió record de sintonía en toda Latinoamérica.

Allí, a orillas del bello lago Mallolafken, hoy conocido como Villarrica, el coronel Urrutia tendría el último conato de resistencia por parte del lonko Epulef, señor de aquellas tierras. En vano intentó el jefe mapuche impedir la llegada de las tropas al sitio exacto de las ruinas.

"Manifestó el lonko Epulef que los dueños de esa ciudad habían sido sus más esclarecidos compatriotas que en leal pelea habían vencido a los huincas y que sus glorias y títulos le habían sido legados a él", relata el historiador Horacio Lara en su monumental obra *Crónica de La Araucanía. Descubrimiento y Conquista* (1889).

Pocas ganas tuvo Urrutia de charlar de historia con el atribulado lonko. Respondió que como representante del gobierno "tomaría posesión de cuanto terreno desease y que sus soldados avanzarían hasta donde él quisiese", cuenta Lara. Y así finalmente lo hizo. Sin permiso ni respeto.

"¡Era el último araucano que, tratando de potencia a potencia con un representante del Gobierno de Chile, hacía también el último y supremo esfuerzo para salvar el único pedazo de suelo que le restaba en su ya para siempre perdida patria!", subraya el historiador.

"Aquel fue el último día de Arauco", escribe por su parte el cura escritor Mariano Campos. Y luego agrega:

> Tras un último esfuerzo, toda su raza había sido dominada en él, y él sentía concentrada en sí la vergüenza y la amargura de toda su gente (...) Eran cuatro, casi justos, los siglos que habían corrido desde los combates junto al Maule contra el Inca Huaina Capac, hasta la llegada del huinca Urrutia. La epopeya de Arauco había terminado. Pero los rojos copihues siguieron floreciendo en el bosque y en las quebradas, como recuerdo de la sangre que a raudales habían bebido sus raíces.

"¡Lázaro, levántate y anda!". Con estas palabras, Horacio Lara graficará el despertar de la legendaria ciudad española, tras siglos de quietud y sueño imperturbable y agrega:

> Renacerá de sus cenizas la opulenta Villarrica, la infortunada ciudad de Pedro de Valdivia y de su último y mártir defensor Bastidas; renacerá, sí, la ciudad famosa y descorrerá el denso velo que por trescientos años ocultaba sus infortunios a las miradas profanadoras (...) Villarrica, ocupada y vencida, venía a poner término a la gran campaña iniciada en 1861 y a entregarse de hecho en sus límites naturales al territorio nacional, como también a concluir la guerra secular contra la porfiada e indomable raza que no había podido doblegar ni aun la España de Felipe II, en cuyos dominios ¡nunca se había puesto el sol!

No era para menos.

Se trataba del adiós a una epopeya única en todo el continente americano, el hito épico de un pueblo indígena excepcional en este rincón del planeta, digno de destacar en los anales de la gran Historia Universal. Y pensar que tan poco se les enseña a nuestros niños y jóvenes de este pueblo mapuche tan memorable.

* * *

Una vez concluida la invasión militar, el poblado de Temuco se transformó rápidamente en imán para colonos chilenos y extranjeros atraídos por las nacientes industrias triguera, ganadera y forestal.

"En un ambiente febril caracterizado por la usurpación de tierras y negocios de toda índole, emergió una nueva frontera", escribe Jorge Pinto. La región completa era "un hervidero humano", apunta por su parte el historiador y pedagogo chileno Francisco Encina.

"Los buhoneros que venían del norte con sus pacotillas, los chalanes y negociantes en animales, los aventureros en busca de fortuna, los abogados y tinterillos, los bandidos y cuatreros, se detenían en Angol unos para radicarse a firme en la ciudad y los más para orientarse y hacer relaciones antes de proseguir a los demás pueblos, a los campos en formación o bien a radicarse entre los indios con los cuales lograban relacionarse", señala Encina.

Destino final de muchos de estos pioneers fue la entonces llamada Perla del Cautín. Favorecieron este masivo éxodo de chilenos las facilidades que existían en aquel entonces para ser propietario de un sitio urbano en Temuco y otros nacientes pueblos de la Frontera.

En simple, en los primeros años bastaba avecindarse y pedir asignación de un sitio en una manzana ante la autoridad local. Aquello, más la publicación del decreto respectivo, era suficiente para inscribir la propiedad en las notarías y oficinas de bienes raíces de Angol. Luego, cuando nacen las provincias de Malleco y Cautín, estas inscripciones se podían realizar además en Traiguén, Victoria, Temuco y Nueva Imperial.

Claves para este éxodo fueron los llamados convoyes.

Sucede que todo el aprovisionamiento de las tropas, el vestuario, los víveres, las mercaderías, los materiales de construcción, las herramientas y todo aquello que precisara la incipiente vida urbana de Temuco, venía desde Angol y Traiguén transportado en carretas.

Formaban estos convoyes las carretas del Estado y el piquete de soldados que siempre las custodiaban, las carretas de los fletadores de mercaderías, las carretas y animales de los particulares que emigraban a Temuco y otros pueblos, y los baqueanos a caballo que se sumaban al grupo junto a los animales en arreo.

Su llegada y partida, cuentan los cronistas, constituía un verdadero acontecimiento social. El convoy significaba el socorro de provisiones, la noticia sobre lo que acontecía en el resto del país, la carta de familiares, el recado. Era también la seguridad para los que viajaban por una tierra hace muy poco conquistada.

Este particular medio de transporte daría nacimiento a empresas de carretas fletadoras de gran auge en ciudades como Angol y Temuco, y a pujantes maestranzas dedicadas casi exclusivamente a la construcción de estos vehículos.

Es en estos convoyes que comienzan a llegar desde Angol, Mulchén, Nacimiento, los pueblos de la vieja Frontera, toda suerte de comerciantes, carpinteros, campesinos y artesanos de todos los oficios, especialmente zapateros y herreros. Era el centro del país que comenzaba a "vaciarse" de vecinos, todos atraídos por aquella última franja de tierra arrebatada a los mapuche.

Aceras de madera, caballos y carretas circulando por sus calles de tierra, sonidos de tacos de señoritas y espuelas de jinetes provenientes de bares y salones, el viejo fuerte poco a poco se transformó en un abarrotado pueblo de frontera similar a los del lejano oeste norteamericano. Un Tombstone sureño.

No sería la única similitud con el Far West.

Entre los primeros comerciantes que se instalan en el poblado figura Manuel Antonio Osses. Este último y su hermano Tomás, antes de la fundación de Temuco, ya vivían en Maquehue en los dominios del lonko Painevilu. Este jefe mapuche, de gran riqueza y poder, acostumbraba recibir chilenos en sus tierras, en especial comerciantes viajeros.

Tras finalizar la guerra ambos hermanos se trasladaron a Temuco a una casa entre Bulnes y la callejuela de Pedro León Gallo, a un costado del cuartel militar. Desde allí continuaron con sus negocios, manteniendo siempre su nutrida clientela mapuche.

Frente a ellos se instalaría Juan Bautista Narváez, quien venderá por muchos años toda clase de maquinaria agrícola.

Bulnes será la gran cuadra comercial de los primeros años, partiendo desde el borde de la línea férrea por el sur. Será también la entrada obligada de los mapuche que acudan a comerciar a Temuco tras cruzar en lanchas el Cautín y por un puente el Pichicautín, su pequeño brazo.

La Plaza Recabarren será también por años el epicentro de Temuco. Allí tocan las bandas del cuartel para deleite de los vecinos y allí descansan los jornaleros, duermen los borrachos y también esperan pacientes los lonkos mapuche sus audiencias con los jefes militares.

Muchos de ellos aprovechan el tiempo y allí mismo realizan transacciones de ovejas, cerdos, gallinas y otros productos a cambio de mercaderías. Es el trafkintu, o intercambio mapuche, popularizado entre los chilenos con la palabra andina trueque, esta última originaria del quechua del imperio inca.

En calle Lynch instalará su casa el industrial del trigo Juan Krause; en Prat a un costado de la plaza, Arsenio Lavín; en la esquina nororiente de Prat con San Martín, José del Rosario Muñoz, comerciante venido desde Mulchén; mientras que en la esquina norponiente, al lado de la familia Saldías, la oficina postal y el telégrafo del Estado. Y a media cuadra de la plaza, la primera escuela pública.

No muy lejos, por Vicuña Mackenna, se fundará en 1887 el elegante Hotel de France, establecimiento que hospedará a viajeros, comerciantes y funcionarios públicos. Durante el siglo XX y bajo el nombre de Hotel Continental alojará a personajes ilustres, como los presidentes Salvador Allende y Pedro Aguirre Cerda, además de mandatarios de otros países.

El edificio del Hotel Continental todavía se mantiene en pie, en precarias condiciones, en la esquina de Vicuña Mackenna con Antonio Varas, pleno centro de la ciudad. Pasa que, si bien fue declarado Monumento Histórico el año 2011, recién en 2019 comenzaron sus necesarias obras de restauración patrimonial.

"Hay registros que relatan al interior de aquel hotel un encuentro entre un joven Pablo Neruda con la profesora Gabriela Mistral, donde ella le revisa sus escritos y lo insta a ser poeta. Es un lugar único, donde los dos Premio Nobel de nuestro país se encuentran antes de haber obtenido este reconocimiento a nivel mundial", comenta el arquitecto y defensor del patrimonio histórico de la ciudad, Gonzalo Verdugo.

Allí también, en sus elegantes salones, los dirigentes y miembros de las primeras organizaciones mapuche del siglo XX realizarían sus asambleas, cuentas públicas y cenas de aniversario. Hablamos de los hijos, sobrinos y nietos de aquellos lonkos que atacaron Temuco en 1881 y que entre las décadas de 1920 y 1960 destacarán en la política regional y nacional.

Continuemos ahora nuestro recorrido por la Avenida San Martín, la más próxima al cuartel.

En la cuadra más cercana a la Plaza Recabarren, hacia el oeste, será donde vivirán gran parte de los soldados con sus familias, en pequeñas casas de madera construidas para ellos. No muy lejos de allí, al final de calle O'Higgins, se instalará ya retirado el coronel Gregorio Urrutia.

El responsable de la ofensiva final contra los mapuche instalará junto a su vivienda el que será el primer aserradero de maderas del poblado. Todo un emprendedor.

Dos cuadras al norte de Plaza Recabarren existía un sitio cubierto de robles, aguadas y pantanos que iba a dejarse sin edificar para dar lugar a una plaza pública. Cuando los hacheros comenzaron a talar y destroncar el sector quedó al descubierto una bella laguna formada por los abundantes esteros del valle. Es el sitio que hoy ocupa la céntrica Plaza Aníbal Pinto.

Quien quiera sumergirse más en esta fascinante historia recomiendo el libro *Álbum-Guía del Cincuentenario de Temuco*. Publicado el año 1931, es una verdadera joya para coleccionistas. Otra fuente de lujo es el libro *Y así nació la Frontera* (2012), del académico y político Ricardo Ferrando Keun, quien llegó a vivir a Temuco el año 1949 y terminó enamorado de la ciudad y de su gente.

Ferrando llegaría a ser rector del Liceo de Hombres, alcalde de la ciudad y vicepresidente del Senado antes del golpe militar del 11 de septiembre de 1973. Su libro, una verdadera historia general de La Araucanía que abarca desde el año 1550 al 1900, es generoso en datos y anécdotas.

En sus páginas figura un estudio topográfico y de títulos de la ciudad ordenado por el primer intendente de Cautín, Alejandro Gorostiaga. Este fue elaborado en 1887 por Teodoro Schmidt y da cuenta del crecimiento explosivo del poblado a tan solo cinco años de su fundación como fuerte.

El informe detalló que para ese año Temuco contaba con setenta y siete manzanas de una hectárea de superficie, cada una de ellas dividida en ocho sitios, lo que da un total de 616 sitios, incluidas aquellas manzanas destinadas a plazas públicas y aquellas reservadas por el Estado para oficinas públicas, templos o escuelas.

Destacan también en el informe los sitios-quinta, propiedades que se extendían en lo que hoy es el sector de Avenida Alemania, Población Dreves, Pueblo Nuevo y el camino a Cajón, en su mayoría de colonos extranjeros.

Avenida Alemania, Thiers y Dreves nacerían años más tarde precisamente de la parcelación de quintas de colonos alemanes vendidas o donadas al municipio.

Del total de sitios que arrojó el estudio, cuatrocientos siete estaban ocupados y otros doscientos se encontraban vacantes. Muchos de estos últimos solo estaban cercados y eran habitualmente vendidos a nuevos vecinos por dueños que solo aparentaban serlo. Ello daría pie en los años siguientes a largos y engorrosos juicios en tribunales.

**

Temuco crecería rápidamente. Ello se aprecia en los datos oficiales recogidos también por el historiador local Eduardo Pino: el año 1885 un censo de población estableció una cifra de 3.445 habitantes. Una década más tarde la cifra aumentó al doble: 7.078 habitantes, llegando a 16.037 el año 1907.

Entre los vecinos de la ciudad se contaban aquel año 374 alemanes, 231 franceses, 187 españoles, 158 italianos, 114 suizos y algunos ingleses, armenios, austriacos, israelitas, sefardíes y holandeses. Los germanos, radicados desde hacía tres décadas en las vecinas provincias de Valdivia y Llanquihue, eran por lejos la mayoría.

Pero hubo quienes llegaron directamente desde Europa. De estos, los primeros se habían embarcado en febrero de 1885 en el vapor inglés Hufddersfield, que los condujo desde Hamburgo al puerto británico de Grimsby. Desde allí, por tren, se dirigieron hasta Liverpool donde embarcaron en el vapor Aconcagua rumbo a Chile.

Tras dos meses de travesía terrestre y marítima, que incluyó escala en Burdeos para embarcar franceses con destino a Lautaro, los nuevos vecinos alemanes de Temuco arribaron a Talcahuano en abril de 1885. Desde allí fueron trasladados en tren hasta Angol y más tarde, en convoyes de carretas hasta Temuco. A su arribo todos fueron alojados en el edificio de la primera escuela pública.

Entre estos primeros viajeros estaban los Patzke, Schmidt, Sachs, Becker, Danker, Tepper, Borke, Ziem y Gottschalk. Todos serían recibidos por Martín Droully, el jefe de la Inspección General de Colonización, quien más tarde les haría entrega de sus sitios e hijuelas. Aquel era, para todos, el procedimiento habitual.

Los inmigrantes rápidamente emprenden diversas actividades comerciales. Algunos con los años hicieron fortuna. Otros perdieron lo poco que traían.

Destacan en esos primeros años de Temuco los comerciantes franceses Collín, Lataste, Greve y Decasseau, los hoteleros Mickelssen y Alzuget, los molineros Krause y Dreves, el panadero Heilig, el maestro cervecero Walper, el mecánico Fiebig, el topógrafo Sommermeyer y el imprentero Hemke.

Las tropas del ejército chileno retornadas desde Perú y que habían sido destinadas ahora a las plazas militares del sur generan un nuevo incremento en la población de la ciudad. Temuco crece y también lo hacen sus negocios.

Pronto se instalan sucursales de grandes casas comerciales de Santiago y Valparaíso: Gildemeister, Duncan Fox, Williamson Balfour, Weir y Scott, entre las más reconocidas. También importadoras que traen directamente desde Europa los productos que compra la incipiente élite local.

Un tipo de actividad comercial de fuerte desarrollo fue la mercería y ferretería, en manos de colonos franceses y alemanes que no solo desde Europa, también desde Valdivia y Concepción, llegan a radicarse al poblado. El Arado, La Herradura, La Olleta y El Martillo, algunos de los nombres de las primeras tiendas del rubro.

Otro gran negocio fue el de las maestranzas, tanto para la reparación de maquinaria agrícola como para la mantención del transporte de tracción animal. Entre las más destacadas figuraron la Maestranza Pritzke, la Maestranza Roloff y la Maestranza La Universal, de la familia Hoffmann.

En importación de maquinaria agrícola desde Estados Unidos y los países de Europa imposible no mencionar a Cornelio Saavedra Rivera, fundador de la firma germano-chilena Saavedra & Benard y Cía.

Fundada el año 1886, llegó a contar con oficinas en Santiago, Concepción y Valdivia, mientras que sus socios se repartían entre Hamburgo y Valparaíso.

Los negocios de Cornelio Saavedra Rivera prosperaron a la sombra de su padre, el responsable de la invasión militar del país mapuche occidental. Y gracias también a su olfato político: entre los años 1882 y 1891 fue electo diputado por Lautaro, integrando la Comisión Permanente de Guerra y Marina que, entre otras convenientes cuestiones, trataba los asuntos militares de Wallmapu.

Otro rubro comercial destacado fueron los aserraderos. Se calcula que solo en la provincia de Cautín operaban a fines del siglo XIX más de cien locomóviles —máquinas a vapor sobre ruedas de uso no ferroviario—, los que movían las sierras circulares que daban origen a la madera en bruto.

Esta se explotaba en la misma montaña y luego, en cientos de carretas, era transportada en caravana hasta pueblos como Temuco, donde era elaborada por las barracas y puesta a la venta. Fue el adiós a la otrora impenetrable selva de Wallmapu que comenzó a ser explotada de forma irracional apenas se instalaron en la región los primeros colonos.

Raulí, roble, lingue y laurel eran las maderas de mayor venta. Una vez explotado un bosque todo lo demás se quemaba sin respetar los ciclos naturales, los que hubieran permitido su renovación y conservación.

La erosión resultante de dicha tala, sumada a los incendios, sería décadas más tarde la responsable del embancamiento de los principales ríos navegables del territorio mapuche: el Biobío, el Imperial y el Toltén. Los lluviosos inviernos sureños lavaron la tierra y llenaron de lodo sus otrora poderosos caudales.

La madera de dichos bosques —subraya el historiador Ricardo Ferrando— no solo fue el material que edificó los pueblos que se iban formando, sino que además tuvo un amplio mercado nacional e internacional, sobre todo tras la llegada en 1893 de la línea del ferrocarril a Temuco.

Extranjeros que llegan a Wallmapu advierten el drástico cambio del paisaje. Hacia 1862, cuando el jefe de las tropas chilenas Cornelio Saavedra cruza por primera vez el Biobío, diversos cronistas lo describen como una "gran selva virgen".

A fines del siglo XIX todo habrá cambiado. Le pasó al belga Gustave Verniory, quien llegó al país mapuche occidental contratado por el gobierno chileno para construir el ferrocarril entre Victoria y Pitrufquén.

"Me pregunto si estoy soñando, si soy verdaderamente yo mismo quien se encuentra ante esta fabulosa vegetación. Jamás me imaginé estos árboles desconocidos, estas plantas trepadoras cubiertas de flores deslumbrantes de color rojo llamadas copihues, estas masas compactas de quilas", escribe emocionado a su llegada en 1889.

Una década más tarde sus palabras son desoladoras.

"Lloro interiormente. Hoy día ¡qué triste banalidad! se ha procedido al roce en todas partes... Los grandes árboles que han resistido el incendio están muertos y semicalcinados pero permanecen en pie.

Es una devastación funesta que hará pronto que la Araucanía, antes tan exuberante, tome el aspecto desnudo y desolado de Chile central", escribe en 1899.

No se equivocó Verniory.

Esa riqueza maderera impulsó otra industria que pronto ganaría prestigio nacional: las mueblerías, siendo la más famosa de la región la Fábrica de Muebles Traiguén, de José Brüner y Cía. Su casa matriz estaba ubicada en la esquina de las calles Saavedra y Freire de Traiguén, en un bello edificio que todavía existe.

Pero sin duda la actividad industrial que alcanzó mayor expansión en aquel Temuco de los primeros años —así como en otros pueblos de la Frontera— fue la de los molinos de trigo. Toda la producción salía para el consumo nacional e internacional, ya sea en trigo que iba a molerse o en harina, en vapores desde el puerto fluvial de Carahue y de allí al Pacífico rumbo a Talcahuano y Valparaíso.

A orillas del navegable río Imperial, el industrial del trigo y principal financista de la invasión, José Bunster, tenía su propio embarcadero. La más importante empresa naviera de Chile, la Compañía Sudamericana de Vapores, también operó por varias décadas aquella desaparecida ruta fluvial.

Bunster llegaría a ser dueño en Angol de su propio banco, así como de haciendas, aserraderos, barcos, trenes y una docena de molinos en los nacientes poblados de la Frontera. Estos molinos eran estructuras prefabricadas que importaba directamente desde países europeos y que luego eran ensambladas en la región.

Para los interesados en los vestigios de aquel verdadero imperio triguero, visitar Carahue es una buena opción. Ubicada a 58 kilómetros de Temuco en dirección a la costa, fue fundada en 1882 por el general Gregorio Urrutia. Refundada más bien dicho. Pasa que tres siglos antes, en el mismo lugar, Pedro de Valdivia había fundado la que esperaba sería la capital del Reino de Chile: La Imperial.

Destruida por los mapuche tras el levantamiento de 1598, en su corta vida tuvo célebres visitantes.

Allí se cobijaron, además del propio Pedro de Valdivia, los gobernadores García Hurtado de Mendoza y Martín García Óñez de Loyola. El soldado Alonso de Ercilla y Zúñiga, autor del poema épico La Araucana, redactó en La Imperial parte importante de su afamada obra.

Pues bien, en esta ciudad plagada de historia, entrando desde la costa, en el bandejón central de la Avenida Ercilla se encuentra una sorprendente colección de 32 locomóviles, la más grande del mundo declarada Monumento Histórico el año 2009. Son máquinas que datan de entre 1865 y 1885.

Volvamos ahora a la historia de Temuco.

El año 1888 nacería una institución clave para el futuro de la Perla del Cautín: el emblemático Liceo de Hombres, cuyo funcionamiento inicial sería a un costado de la Plaza Aníbal Pinto. Su actual ubicación en la Avenida José Manuel Balmaceda —bajo el nombre de Liceo Municipal Pablo Neruda— data de décadas posteriores.

Dos profesores, cuyas notables investigaciones sobre los usos y costumbres mapuche son citadas hasta nuestros días, destacaron en el establecimiento: el también historiador y ferviente "araucanista" Tomás Guevara, quien llegó a ser su director, y el profesor normalista Manuel Manquilef, este último hijo del lonko Trekamañ Manquilef y de la cautiva chilena Trinidad González.

Manquilef, parte en aquel entonces de una élite letrada del pueblo mapuche, llegaría a ser diputado en 1926.

Entre las múltiples obras de ambos autores podemos citar: *Costumbres judiciales i enseñanza de los araucanos* (1904), *Psicolojía del pueblo araucano* (1908), *Folklore Araucano* (1911), *Comentarios del pueblo araucano* (1911 y 1914*)*, *Las últimas familias i costumbres araucanas* (1913) y *Las tierras de Arauco* (1915).

En abril de ese mismo año 1888 el mandato del Ejército sobre Temuco llegó a su fin al crear el presidente José Manuel Balmaceda, mediante una ley presentada al Congreso Nacional, las provincias de Malleco y Cautín. De esta manera, ambos territorios fueron incorporados a la administración civil del Estado. Y, con ellos, también Temuco.

El primer intendente de Cautín sería el exmilitar y veterano de la Guerra del Pacífico Alejandro Gorostiaga Orrego, a quien correspondió organizar el territorio, designar autoridades y establecer los primeros servicios públicos.

Finalizaba así la misión progenitora de las tropas y también el permanente estado de asamblea y zafarrancho de guerra que caracterizó a Temuco en su primer lustro.

Un histórico 15 de abril de 1888, sus habitantes eligieron su primer cuerpo edilicio, nombrando alcalde al vecino José del Rosario Muñoz. Pedro Cartes, comandante de la plaza, fue nombrado su segundo. Y Teodoro Schmidt, el ingeniero que trazó las calles del poblado, uno de sus regidores. Temuco ya no sería un fuerte militar y un caserío. Era una ciudad que ya sabemos no se fundó, se hizo.

El Pacto de Quilín
Austral de Temuco, 6/enero/2019

Hoy debería conmemorarse en Chile y Argentina el Día Nacional Mapuche. Básicamente por el Pacto de Quilín, junta diplomática que tuvo lugar el 6 de enero de 1641 en las márgenes del río Quillén, cercanías del actual Perquenco. Allí, la Corona española y las principales jefaturas mapuche acordaron pactar la paz (capitular) tras casi un siglo de cruenta guerra.

En ese parlamento o tratado los españoles reconocieron la independencia mapuche y el río Biobío como frontera natural entre ambos pueblos. Es un hecho excepcional en América y tal vez solo comparable (bien desde lejos) al trato especial que los tlascaltecas lograron de España al colaborar militarmente con Hernán Cortés.

Pero los mapuche no lograron este estatus especial por colaborar con los invasores; todo lo contrario, lo hicieron guerreando contra ellos y enviando al cielo cristiano a gran parte de "la flor de sus Guzmanes". Lo recalca —con la elocuencia propia de nuestra bella oratoria— el propio jefe Butapichún en su discurso pronunciado en aquella histórica junta:

> No estimes en grande gobernador el triunfo de hoy (la paz) y el sujetarnos sin armas cuando muchas armas no han sido poderosas para sujetarnos. Ni pienses que el miedo o el temor nos obliga a rendirnos ante ti o tus soldados. Bien saben ellos como experimentados en la guerra que las veces que nos hemos encontrado, la fortuna nos ha dado tantas victorias que nos pudieran animar a conseguir otras muchas. Con la guerra vive el guerrero, con ella adquiere nombre y fama, y con el malón adquiere hacienda. Y a los que lo somos no nos viene mal la guerra, que como tus soldados la han apetecido, los nuestros la han deseado. Y si derramaste mucha sangre nuestra, no es poca la que vuestra bermejea por estos campos. Montones de huesos españoles están por estas quebradas blanqueando sin sepultura, calaveras tenemos en abundancia de gobernadores, capitanes y soldados valientes. Bien lo saben todos y bien lo pueden decir estas plantas mudas de Quilín, cómo se fertilizaron y corrieron por sus arroyos sangre que derramé en el campo español. Bocas se abren hasta ahora para publicar mi fama... cientos de españoles dejé muertos para triunfo de mis glorias y los demás dejé vivos para pregoneros de mi valor.

En Quilín españoles y mapuche acordaron básicamente no seguir en guerra y explorar, solemnemente, el camino de la diplomacia política. Es decir, el de la guerra por otros medios. Para los españoles significaba dejar de desangrar de soldados y recursos el empobrecido Reino de Chile. Y para los mapuche, poder vivir relativamente en paz en sus comarcas.

Representados por Francisco López de Zúñiga, Marqués de Baides y Gobernador del Reino de Chile, la Corona reconoció a los mapuche en Quilín sus jefaturas, su derecho a no pagar impuestos, a no ser considerados una colonia ni ser obligados a servidumbre o esclavitud alguna. Ello, en lenguaje de la época, era ser personas libres.

Pero no solo eso. La Corona también se comprometía al respeto de sus usos y costumbres, lo que se vio reflejado en el propio valle de Quilín: aquella fue una junta en la que el protocolo, la lengua y los ritos fueron tanto mapuche como españoles. "A dos lenguas, a dos culturas, con las ceremonias de unos y de otros", relata el historiador José Bengoa.

Los mapuche, por su parte, se reconocieron vasallos del Rey en una suerte de "subordinación negociada", por la cual este les reconocía "fueros especiales" como sucedía (y sucede hasta nuestros días) con ciertas regiones de España, como el País Vasco. Tal fue en trascendencia histórica el alcance de lo allí pactado por nuestros ancestros.

El acuerdo también obligaba a los mapuche, en tanto leales vasallos, a prestar armas y servicios como guerreros si la Corona así lo pidiese. Para el Rey era un tema de suma importancia. Lo ameritaba el genio militar de los mapuche y también el peligro holandés que merodeaba sus dominios en el cono sur del continente.

Dicho compromiso explicaría, dos siglos más tarde, el decidido apoyo mapuche a las fuerzas realistas en tiempos de la Independencia y la posterior Guerra a Muerte.

El Marqués envió las cartas a Madrid el mismo año 1641 y el pacto fue ratificado por el Rey Felipe IV el 29 de abril de 1643, agradeciendo a su impulsor por "lo bien y prudente que os vais gobernando". De inmediato el texto fue incluido en el Libro de Tratados de la Corona, otorgándole un nivel de formalidad y de importancia inédito para un pueblo indígena de América.

Ello fue lo que se pactó en Quilín y —con más o menos modificaciones— lo mismo se ratificaría en más de una treintena de parlamentos en los doscientos y tantos años siguientes de relación mapuche-española. Aconteció en el sur de Chile un 6 de enero de 1641, hace ya casi cuatro siglos. Tal es la riqueza de la historia mapuche.

Testigo de una época
Periódico Azkintuwe

Reynaldo Mariqueo (1950) es originario de una comunidad mapuche del sector Lulul Mawida-Roble Huacho. Militante socialista en tiempos de la Unidad Popular, debió salir del país con lo puesto tras ser requerido por los militares, radicándose en la ciudad-puerto de Bristol, al suroeste de Inglaterra.

Desde el exilio Mariqueo se dio a la tarea de organizar a los mapuche de la diáspora. Tras renunciar a su militancia en el PS, sus esfuerzos se centraron en fundar, el año 1978, el histórico Comité Exterior Mapuche, incansable en su labor de denuncia internacional contra la dictadura militar de Pinochet.

Actualmente lidera el Enlace Mapuche Internacional (MIL, por sus siglas en inglés) y prosigue con sus tareas de difusión y solidaridad con la causa mapuche tanto en Chile como en Argentina. Testigo privilegiado de una convulsionada época, Mariqueo aceptó compartir con Azkintuwe su visión de aquellos años y también sus aprendizajes.

—*Peñi Reynaldo, su historia personal y dirigencial están íntimamente vinculadas al proceso de la Unidad Popular y la posterior lucha mapuche contra la dictadura. Quisiera que pudiéramos charlar de todo ello. En primer lugar, conocer su visión de la UP en materia indígena.*

—No me cabe duda de que el gobierno de Salvador Allende tenía la voluntad política de aliviar en parte la situación de empobrecimiento que afectaba y afecta todavía al pueblo mapuche, pero para la UP como para todos los gobiernos el interés nacional y los problemas que afectan a la sociedad winka estaban por sobre los problemas e intereses de los mapuche. Se nos veía además como campesinos, no como mapuche. Un ejemplo de esto fue la Ley de Reforma Agraria introducida durante el gobierno de Frei Montalva y aplicada por Allende, de perfil marcadamente campesinista y en la que las demandas indígenas no fueron atendidas al principio. Si bien esta ley fue vista como un instrumento para ayudar a los mapuche, la falta de información y la fuerte campaña comunicacional de los latifundistas que pregonaban que la tierra expropiada pasaría a ser ahora propiedad del Estado dificultaron mucho su aplicación.

—¿En qué organización mapuche o de carácter político participaba usted en los años de la UP?
—Además de ser estudiante y miembro del Partido Socialista, fui uno de los artífices de la creación de un Asentamiento Campesino gracias a la asesoría de mi hermano Vicente Mariqueo, en ese entonces funcionario de la Corporación de Reforma Agraria. Creo que fue a fines de 1971 o principios de 1972 cuando creamos un comité pro-reforma agraria en Lulul Mawida-Roble Huacho, en la comuna de Padre Las Casas. Este comité estaba formado por familias mapuche del sector y en poco tiempo formamos el Asentamiento Roble Huacho al interior del fundo La Selva, propiedad de un conocido latifundista de la región, Germán Becker. A pesar de que dicho fundo fue legalmente expropiado de acuerdo a la Ley de Reforma Agraria, más tarde le fue devuelto por la dictadura a los Becker y todos los mapuche fuimos expulsados de la tierra que habíamos recuperado. Pasó lo mismo en muchas zonas tras el golpe militar.

—¿Cuál era la realidad que se vivía en los asentamientos campesinos de esos años?
—En la región y en Cautín la mayoría de los asentamientos y centros de Reforma Agraria estaban integrados por campesinos chilenos, por winkas, con una participación mínima de gente mapuche. De esta forma, la tierra pasaba del winka rico al winka pobre; era lo que nosotros veíamos que sucedía. Había organizaciones mapuche que pedían que la tierra expropiada pasara a formar parte de las reducciones adyacentes, aquello hubiera sido lo lógico según nuestra mirada.

Poderosas organizaciones reclamaban la restitución de tierras a las comunidades; la Confederación Nacional Mapuche, la Federación de Estudiantes Indígenas, Netuain Mapu y la Sociedad Galvarino estaban en esos años a la vanguardia de esta lucha. También existían organizaciones mixtas, como los Consejos Comunales Campesinos, el Movimiento Campesino Revolucionario vinculado al MIR, la Confederación de Campesinos e Indígenas Ranquil y la Confederación Obrero Campesina, todas ellas formaban un gran movimiento en pro de los derechos de nuestro pueblo en esos años.

—*A nivel de las comunidades rurales, ¿qué sectores de izquierda mantenían mayores vínculos con el pueblo mapuche?*

—El Partido Comunista Revolucionario de tendencia maoísta y el Movimiento de Izquierda Revolucionaria fueron los partidos más involucrados, en particular en las tomas de fundo. Ellos abogaban por la aceleración del proceso de restitución de tierras a los mapuche pero siempre desde una visión de explotados y explotadores. Yo diría que durante el primer año de la Unidad Popular el proceso de asimilación mapuche a la sociedad chilena llegó a su cúspide. El hecho de que los partidos de izquierda relegasen el "problema indígena", así se lo llamaba, dentro de la lucha de clases no ayudó al mapuche a incentivar una lucha por nuestros derechos como pueblo, como nación, lucha que sabemos está por sobre los proyectos políticos winka, incluido el de la izquierda.

Pero hay que aclarar que el proceso de asimilación no era una política oficial planificada del gobierno, sino más bien un resultado del proceso histórico y la realidad de aquel entonces. La lucha por las tierras era considerada un asunto prioritario pero no así la preservación de nuestros valores culturales o la identidad, esto último no era valorado en su real dimensión. Esto comenzó a cambiar más tarde con las tomas de fundos y las contradicciones que surgieron con los partidos y en especial con la izquierda más revolucionaria.

—*Era un gobierno popular no exento de contradicciones.*

—Exacto, pero hay que hacer notar que durante los tres años del gobierno de Allende el pueblo mapuche recuperó más tierras que durante los casi veinte años de gobiernos continuos de la Concertación. En Arauco, por ejemplo, las comunidades solo han logrado recuperar el sesenta por ciento de los exasentamientos creados durante los tres años que duró la UP. También hay que recordar que el número de becas para estudiantes indígenas se elevó de manera considerable, también se crearon hogares estudiantiles en Temuco, Santiago y otras ciudades, además existieron becas especiales para estudiantes de bajos recursos y de origen campesino para seguir carreras universitarias. Yo fui uno de los beneficiados con estos programas; logré obtener un cupo en la Universidad de Concepción en la carrera de agronomía cuya sede estaba en Chillán.

—*Todos conocemos la Ley Indígena actual pero pocos saben que es herencia de legislaciones anteriores, incluida aquella que en 1972 promulgó la Unidad Popular. ¿Qué nos puede contar de esa ley?*

—Lo que las organizaciones mapuche hacían resaltar era el hecho de que por primera vez en la historia republicana a los mapuche se les dio la oportunidad de participar en la elaboración de su Ley Indígena. Fue promulgada el 15 de septiembre de 1972 y a pesar de los cambios que sufrió en el Congreso los mapuche la veían como una de las leyes más avanzadas en materia indígena. Entre los artículos más importantes consideraba la restitución de tierras de acuerdo a los planos originales de los títulos de merced, además de declarar nuestras tierras como inenajenables. Se creo también el Instituto de Desarrollo Indígena (IDI), cuya función era aplicar la Ley Indígena y promover el desarrollo económico, social y cultural.

—*¿De qué forma Allende consideró a los mapuche en la elaboración de esta ley?*

—Hay que recordar que las diversas organizaciones mapuche, en particular las Asociaciones Mapuche, ya venían realizando un trabajo de reorganización de las comunidades. Ya en 1969 habían realizado un masivo Congreso en Ercilla y en diciembre de 1970 hubo otro grande en Temuco, cuyo objetivo central era exigir la restitución de tierras. Debido a la falta de iniciativa del gobierno de Frei Montalva para confrontar este problema había en toda La Araucanía un ambiente de tensión, básicamente por las numerosas tomas, algunas apoyadas por el Movimiento de Izquierda Revolucionaria (MIR). Todo ese proceso de lucha y movilización campesino-mapuche se conoció como El Cautinazo y duró un par de años. Esta situación hizo que al Congreso Mapuche de Temuco asistiera el presidente Salvador Allende junto a sus ministros de Agricultura y de Tierra y Colonización. Allí se tomó el compromiso de legislar una ley indígena que permitiera recuperar tierras usurpadas, cosa que no se podía hacer con la Ley de Reforma Agraria.

—*¿Cuándo salió usted al exilio y en qué circunstancias?*

—Salí de Chile a fines de 1973 con destino a la Argentina. Yo tras el golpe fui detenido junto a otros dirigentes campesinos del sector Huichahue, entre ellos Tito Leal, con quien compartí la misma celda y que posteriormente pasó a integrar la lista de los detenidos desaparecidos. Fuimos detenidos por carabineros de Padre Las Casas y permanecimos en ese cuartel por varios días. Tan pronto fui puesto en libertad viajé a Santiago donde estuve viviendo por un corto tiempo. Debí también abandonar mis estudios de agronomía en la Universidad de Concepción, porque la policía me comenzó a buscar en mi comunidad. Esto hizo que viajara a la Argentina donde obtuve estatus de refugiado otorgado por el Alto Comisionado de la ONU. Durante el periodo académico 1974-75 continué mis estudios de agronomía en la Universidad Nacional de La

Plata. El año 1976 los militares argentinos dieron un golpe de Estado e Isabel Perón fue derrocada. Ese mismo año Gran Bretaña me dio asilo político porque la seguridad de los refugiados chilenos en Argentina no estaba garantizada.

—*Cuéntenos de sus primeros años fuera de Wallmapu. Imaginamos que no fue fácil.*
—Es natural que al principio no sea fácil ambientarse en una nueva sociedad, con idioma distinto e idiosincrasia muy diferente a la mapuche e incluso a la latina. Sin embargo, tengo que reconocer que por el hecho de asumir mi identidad mapuche éramos y somos vistos como personas interesantes en otras latitudes. Era y aún es normal la atracción del europeo por conocer nuestra cultura, idioma, espiritualidad, esto hace que el mapuche no tenga problemas de integrarse a esa sociedad si así lo desea. Otro de los aspectos que al principio me llamaron la atención en el Reino Unido es el respeto a la diversidad cultural y la tolerancia que existe hacia una cultura diferente. Yo estaba acostumbrado a escuchar en Chile los insultos contra el mapuche que no se expresaba bien en español o bien observar la mofa contra la mujer mapuche que llevaba su vestimenta tradicional. En Inglaterra no existía tal situación. Con esto no quiero decir que aquí no exista la discriminación racial; sin embargo, hay leyes que la prohíben terminantemente y aquellos que infringen esas leyes son sancionados con mucho rigor.

—*Pero usted no solo llegó a exiliarse a Europa, también fue un activo dirigente y promotor de los derechos humanos en esas tierras. ¿Cómo nace el ya histórico Comité Exterior Mapuche?*
—Nació después del primer Encuentro Mapuche de Londres, que se efectuó entre el 25 y 28 de enero de 1978 en la capital inglesa. Durante la conclusión de ese evento se creó el Comité de Coordinación Mapuche en el Exterior, que posteriormente pasó a llamarse Comité Exterior Mapuche. Este evento, sin precedente en la historia del movimiento mapuche, fue convocado por mi hermano Vicente Mariqueo, entonces residente en Bristol, con el apoyo de organizaciones de derechos humanos y de apoyo a los pueblos indígenas, tales como la Asociación para la Defensa de los Pueblos Amenazados de Alemania, e instituciones religiosas, como Christian Aid (Ayuda Cristiana) y el Consejo Mundial de Iglesias. Al evento asistieron mapuche refugiados en Europa del Oeste y Este, además de Norteamérica, así como algunas personalidades chilenas como el ex ministro de Agricultura de la UP, Jacques Chonchol, quien apoyó la Ley Indígena y nuestras luchas.

—*¿Cuáles eran los objetivos del comité?*
—Parte de la convocatoria emitida el 15 de diciembre de 1977, refiriéndose a los objetivos que justifican la creación de una organización mapuche en el exterior, señalaba lo siguiente: "La lucha por la tierra sigue siendo nuestro principal objetivo, hay razones históricas y étnicas que son elocuentes para que no vacilemos por reconquistar nuestro territorio, las minorías dominantes se han apropiado del territorio araucano desde el momento mismo de la dominación republicana concretada a fines del siglo pasado".

Ahora, refiriéndose a la situación de las organizaciones mapuche en Chile, el documento denunciaba: "Han sido reprimidas y silenciadas. En el momento del Golpe había varias organizaciones auténticas del pueblo mapuche, conducidas por sus propios líderes que se unían bajo plataformas de lucha que nos interpretaban como nación o pueblo que busca la liberación y el bienestar de las futuras generaciones".

En ese entonces los dirigentes de estas organizaciones o estaban encarcelados, muertos, exiliados o desaparecidos, la solidaridad hacia ellos era imprescindible y urgente, y nos parecía que los primeros llamados a cumplir esta tarea eran los propios mapuche que estábamos fuera del país.

—*¿Es verdad que existieron al comienzo roces entre exiliados chilenos y mapuche por la creación de este comité?*
—El comité tuvo como características el respeto a la pluralidad ideológica de sus integrantes así como conducir sus asuntos de manera autónoma. Para evitar crear confusión entre la lucha mapuche y la del pueblo chileno, fue necesario enfatizar la diferencia de reivindicaciones de dos pueblos que luchan unidos contra la dictadura, subrayando que para el pueblo mapuche existen reivindicaciones específicas que el chileno común no valoraba, como la lucha por la recuperación de su territorio, la mantención de sus valores culturales y su propia identidad de pueblo. La idea que teníamos era caminar con nuestros "aliados naturales"; juntos pero no revueltos. Sin embargo, debido al paternalismo chileno que se expresaba en todos los sectores sociales y políticos, la existencia de una organización mapuche autónoma causó serias sospechas dentro de muchos dirigentes políticos, ya que todos decían tener la solución del "problema mapuche" y repetidamente nos garantizaban que con el retorno de la democracia el problema sería resuelto.

—*¿Qué argumentaban estos sectores políticos winka para negarse a una instancia propiamente mapuche en el exilio?*
—Ellos criticaban la creación de un comité exclusivamente de mapuche, pues lo percibían como una instancia que podría causar la

división o confundir la solidaridad internacional. "El problema mapuche es un asunto interno de Chile", afirmaban. La pregunta que entonces me surgía y también a otros mapuche era ¿cómo esta gente va a solucionar un problema que no comprenden y que ni siquiera se esfuerzan en conocer? Terminé marginándome de mi partido y cuestionando la falta de reciprocidad solidaria de los chilenos. Nosotros, además de participar en el comité, éramos a nivel local miembros del Comité de Refugiados Chilenos en el que participamos activamente en acciones relacionadas con el retorno de la democracia, pero cuando nosotros los mapuche organizábamos eventos en solidaridad con el pueblo mapuche los chilenos siempre brillaban por su ausencia.

—*Cero reciprocidad.*
—Así es, y esto rápidamente llevó a cuestionarnos nuestra participación en ese comité por aquella falta de reciprocidad. Luego pasó que el Comité Exterior Mapuche de Inglaterra formaba parte de una organización de carácter nacional que agrupaba a todos los partidos y organizaciones chilenas en Inglaterra, de nombre Chile Democrático. Pero un día descubrimos que ya no formábamos parte de dicha coalición y sin ninguna explicación fuimos excluidos de participar, situación similar sucedió con otros comités nuestros en Europa que tenían lazos con organizaciones chilenas en el exilio. El resultado fue que prácticamente todos los mapuche exiliados que militaban en partidos de izquierda dejaron de hacerlo.

—*¿Existían en otros países?*
—Sí, durante la década de los ochenta se crearon otros comités mapuche en Alemania, Suiza y Suecia, más tarde en Holanda, Francia y Bélgica. Y los problemas que enfrentamos los mapuche en Inglaterra con los refugiados políticos chilenos se replicaron también en esos otros países. Recuerdo que durante esa década se realizaban encuentros continentales en toda Europa en apoyo a la lucha del pueblo chileno por el retorno a la democracia, eventos a los que nunca fuimos invitados. Por nombrar otro ejemplo, en junio de 1983 tuvo lugar en Münster, Alemania, un gran encuentro bajo el lema Congreso por la Libertad de Chile y contra el Imperialismo y Capitalismo, en el que participaron todas las representaciones políticas chilenas y grupos solidarios de Europa. Allí todos los representantes de los partidos políticos chilenos hablaron de la realidad chilena y los avances en la lucha por el retorno de la democracia. Según los asistentes mapuche, nadie mencionó nuestra lucha y los ataques del régimen militar para hacernos desaparecer como pueblo.

—¿*Estos roces con los chilenos afectaron de alguna manera la labor de vuestra organización?*

—No, en lo absoluto, no afectó el trabajo informativo y de denuncia internacional que hacíamos en estos países, ya que nuestro objetivo central era justamente buscar el apoyo y la solidaridad de los ciudadanos europeos y no tanto de los chilenos refugiados.

—¿*Cuáles fueron las principales tareas del Comité Exterior Mapuche en dictadura?*

—Todos los comités desarrollaban sus propias actividades en sus respectivos países, pero se celebraban regularmente reuniones de coordinación con el objeto de evaluar el trabajo realizado, analizar nuestra situación organizacional y el desarrollo del movimiento mapuche en Chile y Argentina, además de programar actividades que se realizaban a nivel continental. Dentro de las actividades globales que se desarrollaban era organizar giras de dirigentes mapuche que viajaban a Europa. La primera de tales giras fue la realizada por el peñi Melillán Painemal. Melillán era un destacado dirigente político mapuche, miembro fundador de los Centros Culturales Mapuche que se formaron en septiembre de 1978, lo que después sería la organización Ad-Mapu. Melillán fue elegido con nuestro apoyo como vicepresidente del Consejo Mundial de Pueblos Indígenas, una potente tribuna para hablar de nuestras luchas a nivel internacional. La tarea inicial de nosotros fue denunciar la violación de los derechos humanos del pueblo mapuche y montar una campaña por la liberación de los presos políticos nuestros, que en ese tiempo llenaban las cárceles de Chile pero cuya situación era ignorada por la solidaridad internacional promovida por refugiados y activistas chilenos.

—*Hablamos de los presos políticos mapuche.*

—Exacto, nosotros como comité de Inglaterra por esos años recuerdo que compilamos una lista con los presos mapuche que se distribuyó ampliamente en las organizaciones de derechos humanos de Europa para que exigieran su liberación. Por nombrar un ejemplo, durante la gira de una delegación indígena denominada Pan-India por Alemania, entre los delegados mapuche de Inglaterra participó nuestro peñi Vicente Mariqueo. Durante esa gira se lograron reunir 1.682 firmas que se dirigieron a las autoridades chilenas el 2 de junio de 1978. Parte de la nota decía: "Pedimos información sobre los siguientes mapuche que fueron detenidos por las autoridades chilenas entre 1973 y 1974 y que han desaparecido. Ellos son: Luis Omar Mahuida Esquivel, Luis Calfuquir Villalón, Pedro Curihual Paillán, Mónica Llanca Iturra y Joel Huiquiñir Benavides".

La participación nuestra en eventos internacionales fue otra de las actividades que realizamos bastante. En ellas se denunciaba la violación de los derechos humanos del pueblo mapuche y se establecían relaciones bilaterales con oenegés de Europa y el mundo. Vicente Mariqueo en representación del comité de Inglaterra participó durante el año 1977 en tres eventos internacionales de importancia histórica: Barbados II que se celebró en julio de 1977, la Segunda Asamblea General del Consejo Mundial de Pueblos Indígenas y la Conferencia de Ginebra de Organizaciones Indígenas y ONGs, eventos que dieron más tarde origen a la creación del Grupo de Trabajo sobre Poblaciones Indígenas de la ONU, ello el año 1982. En 1985 el comité de Inglaterra nos designó junto a Ramona Quiroga, hermana mapuche del Puelmapu residente en Holanda, delegados permanentes ante el Grupo de Trabajo sobre Poblaciones Indígenas, cargo que me fue ratificado en una asamblea general del Comité Exterior Mapuche que se realizó en Bélgica.

—Hace unos años, visitando familiares en Londres, pude hojear y leer varios ejemplares de Aukin, el boletín que publicaba el Comité Exterior Mapuche desde Inglaterra y que pude notar que era bilingüe e incluso en algunos números hasta trilingüe. ¿Qué nos puede decir de ese trabajo informativo, desconocido para las nuevas generaciones?

—Fue el año 1978 cuando comenzamos a publicar el Boletín Informativo Mapuche en castellano y Mapuche Voice en inglés, ediciones que hacia el año 1982 salieron bajo el nombre mapuche de Boletín Aukin. Fue un trabajo enorme. Por citar un ejemplo, durante el año 1979 se publicaron 1.700 ejemplares en español e inglés respectivamente, estos boletines estaban destinados a las oenegés y a las personas interesadas en la causa mapuche. El objetivo era, además de informar, sensibilizar a las organizaciones europeas sobre la situación mapuche.

Aquí debo mencionar que el 19 de octubre del año 1977 se fundó en la ciudad de Bristol la organización anglomapuche Indigenous Minorities Research Council (Consejo de Investigación de Minorías Indígenas). Esta organización cumplió un rol fundamental en el trabajo administrativo y logístico de los diversos eventos que se realizaron en Inglaterra, incluyendo el Primer Encuentro Mapuche de Londres. Las gestiones para financiar las publicaciones y boletines en español e inglés fueron hechas precisamente a través de esta organización. Los voluntarios ingleses se encargaban de traducir la documentación al inglés, escribir cartas y producir las publicaciones y circulares en ese idioma para informar a las oenegés del mundo.

—Imagino que además de los temas referidos a represión política también daban cuenta de las políticas del régimen que afectaban en esos años la propiedad mapuche. Pienso en el decreto 2.568, por ejemplo, que buscaba dividir las comunidades y terminar con los mapuche por decreto.

—Se hicieron grandes campañas de denuncia en los boletines de esos años sobre ese decreto introducido por el régimen de Pinochet, campañas que tomaron mayor fuerza más tarde con la formación en 1978 de los propios Centros Culturales Mapuche en Wallmapu. La dictadura quiso así poner fin al llamado "problema indígena", mediante una legislación etnocida, pero al general le salió el tiro por la culata. La lucha histórica mapuche nos enseña que, cuando somos atacados, nuestra dirigencia abandona todas las diferencias que la separan para unirse y hacer frente al agresor. Eso fue lo que sucedió en aquellos años y nosotros aportábamos nuestro grano de arena desde el exilio. Los alcances de esta ley que apuntaba al exterminio "legal" del pueblo mapuche levantaron una ola de protesta y sirvieron no solo para seguir luchando por la recuperación de nuestro territorio, también para reafirmar nuestra identidad nacional de pueblo distinto al chileno. Se puede decir que se revitalizó a todo el movimiento mapuche en ascenso.

—Finalmente peñi, a su juicio y atendiendo la realidad actual de Chile, ¿terminó en verdad la dictadura para el pueblo mapuche?

—Yo creo que desde la ocupación de nuestro territorio por el Estado chileno nuestro pueblo vive en dictadura. Las leyes nos han sido impuestas y aunque se nos dé participación en su elaboración, esta será solo simbólica. La represión y los abusos policiales y judiciales han estado a la orden del día, siempre con la complacencia de las autoridades de los gobiernos, y los proyectos de inversión se implementan con o sin el consentimiento de las comunidades afectadas.

En democracia se nos siguen aplicando estrategias de dominación política, cultural y económica, las mismas viejas técnicas represivas de antaño, y seguimos todavía bajo la Constitución del régimen de facto. Eso no ha cambiado.

Huenchullán versus el Estado
Austral de Temuco, 8/marzo/2020

El sábado 23 de septiembre de 2017, a las dos de la tarde, Jaime Huenchullán Cayul fue detenido en la ciudad de Ercilla. Se encontraba en las afueras de un pequeño local comercial esperando a su esposa, Griselda, a su hijo Mankilef, su sobrina Milen y su hermana Maritza, quienes compraban bebidas y helados para capear la calurosa jornada.

Su detención fue realizada por personas de civil, quienes lo rodearon apuntándole con armas de diverso calibre. Nadie explicó al dirigente, quien esperaba a los suyos en un camión, la razón del operativo y menos el porqué de su inminente detención. Temió, fundadamente por su rol como portavoz mapuche, estar siendo víctima de un secuestro extrajudicial.

Así lo creyó hasta que aparecieron los primeros carabineros uniformados. Estos cortaron todas las calles aledañas a su ubicación con carros blindados. Entonces le hablaron de una orden de detención en su contra, proveniente del Juzgado de Garantía de Temuco. En ningún momento se le indicó el delito imputado. Tampoco habría más tarde lectura de sus derechos.

Huenchullán, sorprendido, bajó del camión, siendo de inmediato esposado frente a sus hijos, esposa y vecinos alertados por la situación. Todos miraban atónitos la escena, inusual en el bucólico poblado. Su esposa cuenta que intentó grabar varias veces lo sucedido. Le resultó imposible. Sospecha que algún tipo de tecnología policial bloqueó su celular.

Huenchullán de inmediato fue subido a un vehículo policial donde le exigieron que entregara su teléfono y otras pertenencias. Recién allí observó la envergadura del operativo: decenas de efectivos civiles y uniformados, además de vehículos y blindados. Una caravana que llamó la atención de transeúntes y vecinos de Ercilla, así como de quienes esa tarde transitaban por la Ruta 5 Sur.

Esa noche el dirigente terminó en una celda donde efectivos del GOPE, a rostro cubierto y armados, lo insultaron en repetidas oportunidades con epítetos racistas. Esa noche también se enteró, por medio de un funcionario del INDH, que lo acusaban de asociación ilícita terrorista.

A él y a otros siete líderes mapuche, todos apresados en el marco de la Operación Huracán.

Ese día Jaime y su familia comenzaron a vivir una pesadilla. Pasa que no solo fue detenido de manera violenta e intimidatoria frente a sus seres más queridos. También fue exhibido, esposado y custodiado como un peligroso terrorista, ante los medios de comunicación que se agolparon en Temuco para cubrir la noticia. Todo Chile fue testigo de aquello y en horario prime.

Pero —hoy ya sabemos— el delincuente no era Jaime, sino los exmiembros de la unidad de inteligencia policial responsables del burdo montaje.

En días recientes, el Ministerio Público solicitó 25 años de cárcel contra dos de los once imputados en el caso: el general en retiro Gonzalo Blu, ex jefe nacional de Inteligencia de Carabineros, y el mayor en retiro Patricio Marín. Se les imputan delitos que van desde la asociación ilícita a la falsificación de instrumento público reiterado.

El pasado 17 de febrero, dirigentes de Temucuicui presentaron ante la Corte de Apelaciones de Temuco la primera demanda civil contra el Estado por estos graves hechos. Buscan que se indemnice a esos líderes por los daños y perjuicios derivados de aquella grave acusación de terrorismo basada en pruebas falsas. También por el tiempo que permanecieron presos y sometidos al escarnio público.

La justicia chilena, sin vacilación, debiera fallar a favor del peñi Jaime y de todos quienes fueron injustamente detenidos aquella jornada.

Tocqueville en tierras indias
La Tercera, 15/marzo/2020

Estos meses de estallido social me he devorado dos libros del jurista y político francés Alexis de Tocqueville. Uno es su célebre ensayo *La democracia en América* y el otro su libro de viaje *Quince días en las soledades americanas*, ambos escritos tras su viaje por Estados Unidos en 1831. Tocqueville, entonces de 26 años, había sido enviado por su gobierno a estudiar el sistema penitenciario, tarea que le llevó nueve meses.

El primer libro es un monumental retrato de la sociedad y la joven democracia norteamericana en el que Tocqueville, uno de los ideólogos del liberalismo, advierte con gran lucidez sus fortalezas y debilidades. Incluso se atreve con proyecciones que una tras otra se cumplen con los años. Es su gran obra; le reportó notoriedad mundial y un sillón en la academia francesa.

El segundo —y al que me referiré en esta columna— es un breve diario del viaje que hizo, a caballo y fusil en ristre, por el territorio indio de los Grandes Lagos una vez finalizada su labor oficial.

Se publicó en 1840, entre el primer y segundo tomo de *La democracia en América*, y recoge la ruta que siguió de Buffalo a Detroit; luego a caballo hasta Pontiac y finalmente a Saginaw Bay, un pequeño pueblo de pioneros y, en aquel momento, el asentamiento blanco más remoto de Michigan.

Lector de las novelas del escritor James Fenimore Cooper, autor de *El último de los mohicanos*, el francés esperaba dar en su viaje con las naciones integrantes de la afamada Confederación Iroquesa, aquella cuyas democráticas formas de gobierno habían inspirado incluso a los redactores de la Constitución de Estados Unidos. Pero lejos estuvo de aquello.

Acompañado siempre por su amigo inseparable, el escritor Gustave de Beaumont —compañero de piso, de estudios y de aventuras—, el viaje tuvo lugar entre el 19 y el 29 de julio de 1831. Ambos recurren a una hábil artimaña para internarse en una zona de rudos pioneros; se hacen pasar por compradores de tierras.

Gracias a ello interlocutores y apoyos nunca les faltaron.

Tocqueville transmite lo observado en su libro de forma muy vívida: los bosques vírgenes que lo deslumbran y cuya desaparición pronostica en cosa de tiempo; los pioneros norteamericanos y su admirable empuje en aquellas apartadas regiones, y los nativoamericanos, a quienes dedica palabras que oscilan entre la admiración por su forma de vida y una lástima profunda.

Pasa que mucho de lo que observa lo decepciona enormemente.

En Buffalo contempló con tristeza a una multitud de nativos que se había reunido para que el gobierno les pagara las tierras que habían entregado. Nada había en su aspecto que le recordara la dignidad y el orgullo de los personajes de Cooper, comenta. Una amarga decepción, teñida de resignación ante el avance de la civilización, inunda las páginas de su diario.

Escribe Tocqueville:

> Un pueblo antiguo. El primero y legítimo dueño del continente americano se deshace día a día como la nieve bajo los rayos del sol y, a la vista de todos, desaparece de la faz de la tierra. En sus propias tierras y usurpando su lugar, otra raza se desarrolla; arrasa los bosques y seca los pantanos; lagos grandes como mares y ríos inmensos se oponen vanamente a su marcha triunfal. Año tras año los desiertos se convierten en pueblos; los pueblos, en ciudades.

El último tramo hasta Saginaw, donde vivía un puñado de estadounidenses, canadienses y mestizos, Tocqueville lo recorre junto a dos nativos como guías, ambos recomendados por un pionero que protegía su casa con un oso. Uno de ellos iba con su rostro pintado y esgrimía una carabina y un tomahawk. Fue lo más cerca que lograría estar del último de los mohicanos, escribe frustrado.

Tocqueville fue testigo de los estragos de la civilización blanca en aquellas latitudes. El francés recorre parte de la Confederación Iroquesa cuando ya el presidente Andrew Jackson había decretado el traslado forzoso de las tribus al oeste del río Mississippi. Lo que observa es la trashumancia de las tribus. Su éxodo forzado hacia la costa del Pacífico. Y también el despojo.

Aprobada en 1830, la Ley de Traslado Forzoso significó la relocalización de más de cien mil nativos. Allí nace el concepto de Territorio Indio, un hipotético enclave en el oeste donde las tribus podrían vivir supuestamente en paz. Sabemos que no sucedió; serían expulsadas también de dichas "reservas" en las Guerras Indias de mediados del siglo XIX. De ello tratan los filmes de western de Hollywood.

Pocos años antes, en 1815, Estados Unidos había comenzado su expansión territorial topándose directamente con las tribus, los primeros habitantes de Norteamérica. Ya durante la presidencia de Thomas Jefferson (1801-1809) se había establecido que los únicos nativos que podrían vivir al este del Mississippi serían aquellos que se "civilizaran" al estilo del "hombre blanco".

En base a ello, las que se habían mantenido en dicha región eran las tribus chickasaw, choctaw, creek, seminola y cherokee. Estas, a cambio de mantener sus territorios, habían fijado sus asentamientos, labraban la tierra, dividían sus terrenos en propiedades y habían adoptado la democracia como forma de gobierno. Algunas incluso se hicieron cristianas para no ser expulsadas.

Hasta que llegó a la Casa Blanca Andrew Jackson.

El mandatario era un reconocido racista. El año 1812, siendo un alto oficial del Ejército, combatió con extrema fiereza a los guerreros creek en su guerra contra los estadounidenses. Según sus biógrafos, en esos años Jackson cultivó un odio visceral hacia las tribus. Los "cazaba" fueran hombres, mujeres o niños. Para él no eran personas sino "perros salvajes", se cuenta.

De las masivas deportaciones de Andrew Jackson data el sendero de las lágrimas. Hace referencia a la muerte de al menos cuatro mil cherokees en su traslado forzado al oeste del Mississippi en 1838. Y si bien lo hizo su sucesor, el presidente Martin van Buren, este se basó en la ley y los preceptos racistas de su padrino político y antecesor en Washington.

En aquella marcha los nativos recorrieron más de 1.300 kilómetros a pie, arreados por las tropas del Ejército. La ruta de aquel duro destierro se conoce actualmente con el nombre de Trail of Tears National Historic Trail (Sendero Histórico Nacional Sendero de las Lágrimas), recorre nueve estados y se puede hacer como trayecto turístico-cultural.

Dependiente del estatal Servicio Nacional de Parques, permite hoy a las nuevas generaciones de estadounidenses educarse en aquel trágico éxodo de las tribus, "forzadas a abandonar su suelo por el crecimiento y la avaricia de una joven nación", reflexiona Tocqueville.

"Medio convencidos, medio hostigados, los indios se alejan; van a habitar nuevos desiertos, en donde los blancos no los dejarán tranquilos ni durante diez años. Así es como adquieren los americanos, a precio bajo, provincias enteras que no podrían pagar los más ricos soberanos de Europa", escribe en su libro. No se equivocó Tocqueville; los blancos nunca los dejaron tranquilos.

Le pasó al jefe Joseph. Tras negarse a trasladar a su tribu a una reserva de Idaho, emprendió con ellos una larga fuga hacia Canadá. En el camino fueron perseguidos por varios generales a quienes Joseph derrotó en sucesivas batallas. Pero por cada victoria su gente pagó un alto costo. El 4 de octubre de 1877, con su corazón "enfermo y triste", ofreció a Estados Unidos su rendición.

"Estoy cansado de luchar. Nuestros jefes han muerto. Nuestros niños mueren de hambre y de frío. Algunos de mis hombres han huido a las montañas sin ropa ni alimentos. Necesito hallar a los míos. Quizás los encuentre entre los muertos. Escuchadme, jefes: mi corazón está enfermo y triste. En cuanto el sol se ponga, dejaré de pelear", escribió al general Oliver Otis Howard.

Pero la reserva no pudo apagar su espíritu guerrero.

En las décadas siguientes Joseph cabalgó en los espectáculos de William Frederick Cody —el célebre Buffalo Bill— y se reunió con los presidentes Ulysses Grant y Theodore Roosevelt, abogando por los derechos de las tribus. También dictó charlas en la Universidad de Washington. Allí conoció y trabó amistad con el célebre fotógrafo Edward Curtis, quien lo inmortalizó de forma memorable.

El jefe Joseph murió el 21 de septiembre de 1904 en la reserva de Colville. Sus restos descansan en Nespelem, cuatrocientos kilómetros al noreste de Seattle.

El mundo perdido
Austral de Temuco, 21/marzo/2020

"Si algo nos ha enseñado la historia de la evolución es que la vida no puede contenerse; la naturaleza siempre se abre camino", comenta el matemático Ian Malcolm en *El mundo perdido*, novela del escritor Michael Crichton.

Interpretado por el actor Jeff Goldblum en la popular franquicia de Jurassic Park, Malcolm es invitado a una isla del Caribe por un excéntrico millonario para avalar un parque de dinosaurios donde todo lo que podía salir mal, sale mal. Para los humanos, obviamente.

Está pasando hoy en la ciudad de Venecia donde la ausencia de miles de visitantes —con millonarias y catastróficas pérdidas para la industria turística y el comercio— ha obrado el mismo fenómeno descrito en el libro: la naturaleza abriéndose camino.

En los últimos días, sus residentes se han sorprendido al ver que la laguna y sus canales lucen aguas transparentes y no turbias como de costumbre, algo impensado hasta hace un tiempo. También ven peces bordeando las góndolas y barcazas, algas que pueblan sus canales y aves acuáticas como cisnes y cormoranes que curiosos merodean por sus hoy expeditos rincones fluviales.

Causante del fenómeno ha sido el fin de la circulación de sus cientos de embarcaciones y la consiguiente disminución de sus niveles de contaminación. Todo ello en directo beneficio de la biodiversidad local, aunque no de los humanos.

Hace unos meses Venecia era una de las ciudades más colapsadas del mundo por el turismo. En 2019 recibió veinte millones de visitantes, demasiados para una urbe fluvial que apenas supera los 250 mil habitantes. La ciudad, literalmente, se hundía a vista y paciencia de todo el mundo. Hasta que se quedó sin humanos y la naturaleza hizo el resto. Tal como pasó en la novela de Crichton. Y también en la zona cero de Chernóbil.

Responsable directo fue el coronavirus, pandemia que frenó en seco el aluvión de visitantes ofreciendo a Venecia un inesperado respiro. Y a sus habitantes, la "vista limpia" de un entorno que muchos creyeron haber perdido para siempre. Bendita paradoja. Algo similar se espera suceda en el monte Everest y otras cumbres de los Himalayas, transformadas en las últimas décadas en verdaderos basurales por compañías de turismo y oleadas de alpinistas.

China y Nepal ya anunciaron la cancelación de la temporada de expediciones producto de la pandemia global. Es la primera suspensión en cincuenta años de continua saturación y contaminación del llamado techo del mundo. Leyeron bien, la primera en medio siglo. La industria de seguros lo lamenta, ¿el Everest?, lo dudo. No más basura ni desperdicios, tampoco muertes de alpinistas y sherpas en arriesgados ascensos. Al menos por un tiempo.

En lo personal, siempre he creído que la Naturaleza toma medidas bastante sabias para el planeta y sus hijos, por más que a veces nos parezcan impopulares o trágicas para los humanos. Aquella es también la creencia mapuche, la base de nuestro feyentun; que cada tanto la Mapu ajusta sus desequilibrios y frente a ello, si logramos sobrevivir, solo nos cabe sacar lecciones y aprender.

Lo curioso es que siempre, como toda buena madre, nos advierte.

Los eclipses y el florecimiento del colihue (Chusquea culeou) son dos ejemplos recientes de señales que nuestra cultura —profundamente conectada con los ciclos de la Tierra— suele interpretar como alerta de tiempos difíciles y calamidades. También los temblores, antesalas de la mítica confrontación entre Treng-Treng y Kai Kai, el equivalente mapuche de las placas Continental y de Nazca.

¿Qué nos estará tratando de decir la Mapu en esta oportunidad?

Volviendo a Italia, si bien el coronavirus ha golpeado a su población de manera trágica con miles de muertos, no son pocos los venecianos que esperan que la crisis sirva para un cambio en su insostenible modelo de desarrollo económico. Y es que no todo se debiera tratar de negocio o lucro desmedido, diría con sabiduría mi madre.

Fue ella quien me recordó lo del florecimiento del colihue. Yo, viviendo en la ciudad como muchos, confieso que no lo vi venir.

Winka kutran
Austral de Temuco, 7/abril /2020

Me preguntan en Twitter si es verdad que los mapuche somos inmunes al coronavirus. No, lamentablemente no lo somos. Y si bien del gabinete regional uno de los pocos no contaminados por la seremi de Salud fue el gobernador mapuche de Cautín, Richard Caifal, ello solo prueba una cosa: la efectividad de medidas preventivas que este último sí supo respetar, no así su negligente colega.

Contrario a lo que algunos piensan, los mapuche desde tiempos antiguos hemos sido víctimas de epidemias winka; es decir, de enfermedades foráneas como el tifus, la viruela o el sarampión.

En diversas épocas, estos "winka kutran" —así los llama nuestra gente— causaron estragos en Wallmapu. Es una historia trágica compartida con todas las primeras naciones de Abya Yala, desde Alaska a Karukinka en el extremo sur.

Responsable fue la "virginidad inmunológica" de nuestros ancestros por la ausencia de estas patologías en el continente. Sin defensas, cualquier nueva infección resultaba catastrófica. Consta que pasó con la fiebre tifoidea (*Salmonella typhi*) en México: provocó más de 12 millones de muertos entre la población azteca, facilitando en 1521 la caída del legendario imperio. Huey cocolitzli, gran mal, la llamaron en lengua náhuatl.

Los europeos, en cambio, disponían de una inmunidad protectora natural debido a un largo contacto previo con virus y bacterias. También enfermaban, por supuesto, pero sus bajos índices de mortalidad no resistían comparación alguna. Precisamente, por su letal efectividad entre los indígenas, varias de estas epidemias fueron usadas como armas biológicas.

En América del Norte el mayor exponente de esta práctica fue un oficial británico de infame recuerdo, Sir Jeffrey Amherst, el primer gobernador inglés de Canadá. Comandante del Ejército británico durante el siglo XVIII, no dudó en usar mantas infestadas con viruela como estrategia militar frente a las tribus. Así quedó documentado en cartas y ordenanzas de su propio puño y letra.

Sucedió en 1764 en el marco de la Rebelión de Pontiac contra los colonos franceses y británicos que se habían establecido en la zona de los Grandes Lagos, actuales estados de Michigan, Wisconsin y Ohio. Ese año doce tribus, entre las que destacaban los ottawa, chippewa, shawnee, mingo y delaware, se unieron para combatir a los "british". Los lideraba el valeroso jefe de los ottawa.

En pocos meses, nueve de los once fuertes británicos habían caído en poder de Pontiac y sus guerreros. Y la situación no era mejor para los otros dos, Fort Pitt y Fort Detroit, que permanecían bajo un implacable asedio. Fue entonces cuando el comandante británico ordenó aprovechar un brote de viruela que afectaba a Fort Pitt para diezmar a los guerreros y "extirpar esa aborrecible raza", según se lee en una de sus cartas.

"¿No podríamos ingeniárnoslas para contagiar con viruela a las tribus de indios descontentas? Debemos, en este caso, usar una estratagema para reducirlos", escribió Jeffrey Amherst al coronel Henry Bouquet, de Filadelfia, mando directo de las tropas acantonadas en el fuerte. La idea agradó a Bouquet.

"Voy a tratar de inocularlos con algunas cobijas que caigan en su poder, teniendo cuidado de no contraer yo mismo la enfermedad", fue su respuesta.

Días más tarde, el comandante británico envió otra misiva a su subordinado en el frente de batalla. "Haría bien en intentar infectar a los indios con algunas mantas, como también trate de utilizar cualquier otro método que pueda servir para extirpar esa aborrecible raza", le ordena.

No crean que pasó solo en el hemisferio norte.

Entre 1554-1555 una gran epidemia —de tifus o fiebre tifoidea, no existe claridad— detuvo "milagrosamente" el avance de Lautaro y su ejército sobre la capital del Reino de Chile. Esa epidemia salvó a los españoles de ser expulsados del valle del Mapocho y terminar refugiados en Lima. Chavalonko la llamaron los antiguos por los fuertes dolores de cabeza que provocaba. La mortandad, cuentan los historiadores, fue devastadora.

Brotes epidémicos similares se repitieron en los siglos XVII, XVIII y XIX. En 1884, coincidiendo con la llegada de los primeros colonos europeos a La Araucanía, se desató una grave epidemia de cólera. Lo cuenta el lonko Pascual Coña en su libro de memorias. En marzo de 1890 se propagó otra de viruela, peste que afectó duramente a las reducciones mapuche, diezmando en varios miles a nuestra población.

Curiosamente, reportes periodísticos de la época señalaban que la viruela no afectaba a los mapuche. Era una *fake news*.

Según testimonio del doctor Ricardo Cortés-Monroy, mexicano residente en Chile en esos años, la alterada información que se estaba dando a conocer "provenía de gente con poder e influencia en los periódicos". Su objetivo no era otro "que la peste cunda entre ellos y cause la más alta mortandad posible para después apropiarse de sus tierras", agrega. Cuesta en nuestros días creer tanta maldad.

Cierro con un dato desconocido para muchos.

Uno de los fallecidos en la epidemia de 1884 fue el ñizol lonko de Cholchol, Venancio Coñuepán, hijo del otro Venancio aliado de los patriotas en tiempos de la Independencia y amigo personal del prócer Bernardo O'Higgins. Tras su muerte por el cólera heredó la jefatura tradicional su hijo Domingo, padre del Venancio Coñuepán que en 1945 llegará a ser diputado de la República y en 1952, ministro de Estado.

No, no somos inmunes al coronavirus. A cuidarse mi gente.

Adiós a un contador de historias
Austral de Temuco, 19/abril/2020

El coronavirus se llevó esta semana al escritor Luis Sepúlveda Calfucura. A sus 70 años se encontraba ingresado en un hospital universitario de Asturias, en España, país donde residía hace más de dos décadas. La peleó por 48 días, pero el virus, porfiado como él solo, pudo más. Fue la última pelea, cuerpo a cuerpo, de un sobreviviente de dictaduras, revoluciones y cuanta "causa justa pero perdida" se le cruzó por delante.

Lo conocí a comienzos de los noventa. Yo era un liceano sureño aprendiz de escritor y su novela *Un viejo que leía novelas de amor* (1988) me acompañaba a todos lados, camuflada entre libros de Douglas Coupland, Rodrigo Fresán o Ray Loriga, los sacrosantos apóstoles de mi generación X. Eran tiempos de furiosa guerrilla literaria (los McOndo versus Macondo) y algunos, en verdad, no queríamos refundar nada, solo aprender a contar historias.

Fue leyendo sus novelas y crónicas que me alejé de autores europeos y gringos —y de escritores locales que escribían como europeos y gringos— y redescubrí, por ejemplo, al inmenso Francisco Coloane, al argentino Osvaldo Soriano y a joyas de los bajos fondos como Armando Méndez Carrasco y Luis Rivano, los "pacos escritores". Por fin había dado con genuinos y verdaderos maestros del oficio de narrar.

Lo conocí a comienzos de los noventa pero él recién se enteró de ello hace unos años. Fue en la Feria Internacional del Libro de Santiago 2016, donde coincidimos presentando nuestras obras. Allí charlamos de la vida, sus libros y también de los Calfucura, su insigne linaje por el lado materno. Yo lanzaba la biografía de Francisco Huenchumilla. Allí dedicaba un capítulo completo al gran toqui del siglo XIX, Juan Calfucura, el Napoleón de las Pampas. Ello, por cierto, le interesó.

"Usted es un verdadero weupife", le dije en clave groupie interétnico, cuando nos despedimos. "No sé qué chucha significa pero suena bonito", me respondió con una risotada y un abrazo.

Y es verdad, narrar historias es la pega de un weupife y Sepúlveda abrazó el oficio como ningún otro autor de su generación. Su obra, más de cuarenta libros, es monumental y ha llegado a ser leída en más de sesenta idiomas, en los cinco continentes. Su genio trascendió además lo literario, probando suerte en el periodismo político, el teatro y también en el cine, donde llegó a dirigir nada menos que al gran Harvey Keitel.

De allí un merecido reconocimiento mundial que —como suele suceder con todos los grandes— le fue esquivo en su propio suelo, incluso al interior del gremio de escritores chilenos. No son pocos quienes han recordado en estos días sus polémicas públicas con Roberto Bolaño y Jorge Edwards, dos acorazados de las letras. Simples minucias. Destacó y voló más lejos que todos y ese fue quizás su gran pecado.

Según Manuel Llorente, periodista de cultura del diario El Mundo, Sepúlveda siempre quiso emular los epew (cuentos) de su tío abuelo Ignacio Calfucura, quien hacía hablar a zorros, pumas, cóndores y wiñas en sus relatos al atardecer y junto al río. Créanme que lo logró con creces. Lean su libro *Historia de un perro llamado Leal* (2016), una bella fábula sobre la amistad y el honor que cierto día, desde muy lejos, tuvo el amable gesto de enviar a mi hija Amankay.

Hace exactamente un año, entrevistado en la revista La Gata de Colette por su colega y amigo Ramón Díaz Eterovic, Sepúlveda contó de las motivaciones tras esta obra.

"Llegué a la necesidad de contar la historia de un perro y su saga de lealtad con el Wallmapu, con su atroz saqueo como fondo de la narración. El libro es un canto de amor a mi gente, porque yo soy mapuche, es un canto a sus valores, a su cultura, a sus tradiciones, a su lucha que dura ya demasiado tiempo y sin un atisbo de solución justa por parte del racista Estado chileno", relató el escritor.

Peñi Calfucura, hoy lo despedimos como mandata la tradición de nuestros mayores, relatando retazos de su vida. Ya derramaremos algún día pulko y muday sobre su tumba. Que sea una buena cabalgata donde sus ancestros.

El noble pewén de las tierras altas
Austral de Temuco, 3/mayo/2020

La culpa fue de la película *Highlander*, un clásico del cine fantástico de los años ochenta protagonizado por Christopher Lambert y que cuenta la historia de los "inmortales" del clan MacLeod en Escocia.

Chequeaba datos del filme cuando en fotos del Castillo Dunvengan, una de sus locaciones y hogar de los MacLeod hace más de ocho siglos, hallé un centenario pewén. ¿Cómo diablos llegó ese árbol, nuestro árbol, hasta el norte de Escocia?, me pregunté de inmediato. Intrigado me puse a averiguar.

No fue fácil, pero finalmente di con la hebra en el magnífico libro *Chilean trees around the world*, de Rodrigo Fernández Carbó, publicado en 2018. Allí figura que fue plantado en 1850 por Norman MacLeod, el vigésimo quinto jefe del célebre clan escocés y un reconocido admirador de la "epopeya araucana" en el cono sur de América. De allí el lugar, del todo protagónico, que ocupa en un sitio emblemático para la gran historia de Escocia y Gran Bretaña.

Dar con la semilla fue tarea del legendario recolector de plantas inglés William Lobb, quien viajó en 1842 a Sudamérica para adentrarse en Biobío en busca del encargo. Lobb trabajaba para James Veitch, dueño de un prestigioso y exclusivo vivero encargado de ornamentar castillos y jardines de la era victoriana. Veitch, uno de cuyos clientes eran los MacLeod, se maravilló con el pewén, transformándolo en el árbol ícono de aquella época dorada.

De aquel viaje Lobb retornó con tres mil piñones que su jefe cultivó y utilizó para ornamentar parques privados por todo el Reino Unido, incluido los jardines botánicos de Londres y Edimburgo. Aquel cargamento fue el semillero de la especie en Inglaterra y toda Europa. Hasta nuestros días un centenario pewén custodia el frontis de la Catedral de Burdeos, puerto francés donde —recordemos— Orelie Antoine estableció su reino tras ser expulsado de Chile.

Los ingleses, fieles a su humor negro, rápidamente apodaron al pewén como *monkey puzzle*, rompecabezas de monos, por las dificultades que tendrían estos animales para trepar su intrincado follaje. Se atribuye al abogado Charles Austin la ocurrencia. Para los paisajistas se trataba en cambio de *"the most noble, hardy and splendid ornamental evergreen tree ever introduced into the British Empire"*, según lo describe un aviso de 1842.

No solo en aristocráticos sitios terminaron sus semillas.

En Monreith, en las cercanías de Port William, es posible hallar un sorprendente bosque de doscientas araucarias en pleno campo escocés. Fueron plantadas allí hace más de un siglo por Sir Herbert Maxwell, miembro del Parlamento y novelista, además de renombrado horticultor. Es un verdadero pedazo de Nahuelbuta o Alto Biobío trasplantado a las tierras altas del hemisferio norte. Y semillero de nuevas araucarias para muchos.

Pero no fue William Lobb el primero en llevar la araucaria-araucana a Inglaterra.

Este honor recayó en Archibald Menzies, dentista y botánico que pasó por Chile en 1795 embarcado en el HMS Discovery, buque comandado por el capitán George Vancouver. Se cuenta que el entonces Gobernador de Chile, Ambrosio O'Higgins, honró a la tripulación con una apetitosa cena, sirviendo piñones de postre. Menzies guardó varios que pudo hacer germinar durante su viaje de regreso a casa; fueron los primeros pewén en desembarcar en Londres.

Dos de ellos se encuentran hasta nuestros días en los bellos jardines de la Universidad de Durham. Pero el más antiguo posible de hallar en suelo británico no se encuentra en la capital inglesa. Su historia es todavía más sorprendente. Este se ubica en el cementerio medieval St. Brelade en la isla de Jersey, en el Canal de la Mancha.

La historia relata que el capitán Philippe Janvrin, de 44 años, había regresado de los mares del sur en septiembre de 1721 infectado por una epidemia mortal. Agonizante, ancló su barco frente a la iglesia de la isla donde días más tarde fue enterrado por sus hombres. Se cuenta que el árbol germinó en uno de los bolsillos de su chaqueta. Aquel majestuoso pewén acompaña su descanso hace tres siglos. Y lo hará por mil años si lo dejan.

Así de noble y eterno es el árbol sagrado de las tierras altas, valorado en Europa mientras en Chile —hasta no hace mucho— se lo explotaba sin pudor alguno. Fueron los pewenche, sus hijos e hijas, quienes se levantaron contra el Estado el año 1992 para recuperar sus tierras y salvar las araucarias de los aserraderos de la Sociedad Comercial Galletue. Uno de aquellos luchadores fue el lonko Ricardo Meliñir Marihuán, líder de la comunidad Quinquén en Lonquimay.

Desde entonces el pewén está protegido por ley, a buen resguardo de la codicia maderera y de aquel menosprecio tan propio de un Chile que debemos dejar atrás.

Teodoro Schmidt I
El Mercurio, 31/mayo/2020

Señor Director:

En vuestra edición del pasado domingo (Artes y Letras), Andrés Montero Jaramillo, bisnieto del ingeniero alemán Teodoro Schmidt, fue entrevistado con motivo del libro que acaba de publicar de su célebre pariente. También se refirió a la mal llamada Pacificación de La Araucanía, asegurando que "siempre tuvo como objetivo incorporar a un pueblo pobre [los mapuches] a los beneficios del desarrollo". Es decir, un verdadero acto de filantropía. Aquello es, cuando menos, falsear la historia.

El avance militar chileno-argentino se produjo en el período de mayor bonanza, riqueza ganadera y extensión territorial mapuche en ambos lados de la cordillera. Hacia mediados del siglo XIX, el Wallmapu tocaba las puertas de la provincia de Buenos Aires y de allí lo combinado del esfuerzo militar para derrotarnos.

Testigo de aquella bonanza fue Aquinas Ried, médico, político y catedrático alemán que visitó el país mapuche el año 1847, alojando en casa de los Colipi, en Malleco.

"El lonko nos mostró sus grandes engordas en que pastaban miles de animales vacunos. Tiene ocho o diez potreros donde se crían vacas y yeguas. Uno o dos establecimientos de quesería, tres mil vacas lecheras, trescientos caballos de silla, muchas ovejas y en un cenagal que queda cerca de la casa numerosos chanchos alzados", relata.

Lo mismo observó el viajero norteamericano Edmond Reuel Smith en 1853, cuando visitó las tierras del toqui Mañilwenu en las cercanías del Traiguén actual.

"Colgadas en su ruca había unas riendas cubiertas de adornos de plata maciza. Doscientos pesos fuertes no habrían pagado todo el metal que vi en los aperos que usaba solo para montar a caballo. La cantidad de plata usada en la manufactura de objetos para los indios es grande y como proviene exclusivamente de las monedas del país, siempre hay escasez de ellas en las provincias fronterizas", comenta Smith.

Otro célebre viajero fue el naturalista polaco Ignacio Domeyko. Sus impresiones aparecen en el libro *La Araucanía y sus habitantes*, publicado el año 1846 tras recorrer Wallmapu con fines científicos.

"Nada de bárbaro y salvaje tiene en su aspecto aquel país: casas bien hechas y espaciosas, gente trabajadora, campos extensos y bien cultivados, ganado gordo y buenos caballos, testimonios todos de prosperidad y de paz", escribió.

La verdad histórica es esa. Testimonios hay por montones.

Pasa que nadie invade un país pobre. No es ningún negocio. Bien lo supo Teodoro Schmidt, responsable de lotear cientos de miles de hectáreas para repartirlas entre colonos europeos y hacendados. Fértiles campos y ricas haciendas mapuches arrebatadas a escopetazo limpio. Lotear lo robado; esa fue su tarea. Las cosas como son.

PEDRO CAYUQUEO MILLAQUEO

Teodoro Schmidt II
El Mercurio, 1/junio/2020

Señor Director:

Pedro Cayuqueo las emprende en contra de uno de los más respetados servidores públicos del siglo XIX, Teodoro Schmidt Weichsel. Introduce en su análisis una novedosa tesis, la que indicaría que los araucanos eran un pueblo rico. Cita testimonios de un lonko que sería dueño de engordas con miles de animales vacunos, tres mil vacas lecheras, etcétera, etcétera. En resumen, un verdadero latifundista.

También, en otra cita, menciona que habitaban en casas espaciosas, serían gente trabajadora y tendrían campos extensos y bien cultivados, ganado gordo y buenos caballos.

Invito al señor Cayuqueo a leer mi libro, el cual feliz se lo hago llegar, para que contraste sus fuentes con las de mi trabajo investigativo y las expresiones de Gustave Verniory y de Claudio Gay, autores de las obras: *Usos y costumbres de los araucanos* y *Diez años en La Araucanía*.

Schmidt, como lo dice el título de mi obra, fue un inmigrante ejemplar. Trabajó casi 40 años para el Estado de Chile, muchas veces rechazando salarios que le parecían excesivos. Fue un ejemplo de austeridad, trabajo bien hecho y diálogo permanente. La mejor prueba de mi afirmación está reflejada en la célebre fotografía —exhibida en el Museo de Temuco— del ingeniero Schmidt con su teodolito, acompañado de Juan Colipí, hijo de un célebre cacique araucano y de la hija de Antonio Melín, bravo guerrero araucano. Esta misma figura se presenta en la base del monumento que el Estado de Chile instaló en la plaza que lleva su nombre en Temuco, el cual fue destruido por vándalos en pleno estallido delictual de octubre pasado.

Si la pretensión del señor Cayuqueo es objetar la forma y el fondo del proceso de incorporación del territorio de La Araucanía a Chile, buscar en Teodoro Schmidt acciones indebidas es perder el tiempo.

ANDRÉS MONTERO JARAMILLO

Teodoro Schmidt III
El Mercurio, 2/junio/2020

Señor Director:

Andrés Montero Jaramillo sale fallidamente en defensa de su pariente. El rol civil de Teodoro Schmidt en la invasión militar del territorio mapuche está bastante documentado. Fue un actor relevante y también testigo privilegiado al acompañar al ministro en campaña, Manuel Recabarren, en su avance desde Traiguén al valle de Temuco. Lo cuento en extenso en mi libro *Historia secreta mapuche 2*.

¿Fue Teodoro Schmidt un eficiente funcionario público? Sin duda. Trazó fuertes militares, pueblos —Temuco, su gran obra— y caminos de cordillera a mar. Loteó además cientos de miles de hectáreas, entre fundos, parcelas y también reducciones mapuches, aquellos "campos de refugiados" donde terminó finalmente radicada nuestra gente.

Y al jubilar fue premiado por ello: el Estado le asignó mediante una ley del Congreso Nacional veinticinco mil pesos de las arcas fiscales para que pudiera "rematar terrenos en la frontera", adquiriendo preciosos fundos en la precordillera que más tarde heredaron sus descendientes en la región.

¿Dónde está el gran detalle? Que tanto las tierras que tuvo que lotear como aquellas que adquirió al jubilar habían sido robadas a las jefaturas mapuches. De ello se trató la guerra de invasión: de "incorporar" —notable eufemismo— varios millones de hectáreas ajenas a la soberanía del Estado. He allí el gran robo. Y la complicidad de Schmidt.

Para finalizar, la bonanza económica mapuche no es ninguna "novedosa tesis", como afirma Montero en su carta. Está latamente documentada en investigaciones académicas. Decenas de viajeros por el Wallmapu en el siglo XIX dan cuenta de ella, también Claudio Gay y Gustave Verniory en sus libros.

Este último, ingeniero de ferrocarriles contratado por el Estado, hasta profanó tumbas y se llevó un chemamüll (tótem funerario de madera) a su casa en Bruselas, Bélgica. Su rica colección de platería y artefactos mapuches fue donada más tarde por sus descendientes al Museo Quai de Branly-Jacques Chirac de París. Allí permanece hasta nuestros días.

PEDRO CAYUQUEO MILLAQUEO

Teodoro Schmidt IV
El Mercurio, 3/junio/2020

Señor Director:

Pedro Cayuqueo vuelve a la carga en contra de mi muy querido y respetado bisabuelo Teodoro Schmidt Weichsel. Agradezco que mi contradictor se interese por estas materias, y, de paso, publicite esta obra que no tiene otro objetivo que recordar a futuras generaciones lo que hizo por Chile un hombre bueno. Aún no me queda claro si leyó mi libro, condición mínima para iniciar un desprestigio a su contenido.

Me parece bien que Pedro Cayuqueo reconozca que don Teodoro fue un eficiente funcionario público, virtud tan necesaria en estos tiempos. En referencia a los recursos que el ingeniero habría recibido para rematar fundos, me gustaría que me aportara los antecedentes, pues yo sinceramente no los tengo. Aun así, y si el Estado se los hubiera entregado como premio, bien merecidos los tenía tras 40 años de servicios no a 40 horas a la semana, sino al menos a 60 horas y sin sacar la vuelta.

Recuerdo, además, que Teodoro Schmidt aportó a Chile una numerosa descendencia, muchos de los cuales han sido ministros de Estado, embajadores, académicos, rectores, directores de servicios públicos, oficiales de las FF.AA., etcétera.

Continuar más extensamente este intercambio de visiones, sobre hechos acaecidos hace ya 140 años, no nos conduce a ninguna parte. Invito al señor Cayuqueo a ubicarse en la vereda de la paz y del futuro, pues Chile tiene hoy demasiados problemas como para seguir escarbando sesgadamente en la historia, con contextos tan distintos a los actuales.

La región de La Araucanía es y seguirá siendo parte de este maravilloso país llamado Chile, en el cual todos nosotros y los mapuches tenemos un rol importante a la hora de construir confianzas y aportar al desarrollo. La violencia en La Araucanía, con apoyo de grupos extremos radicados dentro y fuera de nuestras fronteras, no ayuda a alcanzar la paz.

Con este mensaje doy —por mi parte— cerrado este intercambio epistolar, el cual espero haya sido educativo para los lectores amantes de la paz y de nuestra historia patria.

ANDRÉS MONTERO JARAMILLO

Teodoro Schmidt V
El Mercurio, 4/junio/2020

Señor Director:

Andrés Montero hizo ayer sus últimos descargos. Básicamente se despide, haciendo un llamado a la paz y advirtiendo que escarbar en el pasado "no conduce a ninguna parte". Discrepo, por supuesto. No sobre la paz, un anhelo mapuche de larga data, más bien sobre la inutilidad de mirar hacia atrás como sociedad.

Es precisamente ese pasado —antes de ayer visto en perspectiva histórica— el que explica el conflicto actual. Nada tiene de malo revisitar la historia, sobre todo si se hace de manera rigurosa y documentada. En sociedades cultas y democráticas es señal de madurez en el debate público. El pasado permite comprender el presente y construir el futuro, lo suponía sabido por todos.

Aclarar a mi interlocutor que leí su libro. Lo adquirí en Amazon. Pasa que soy fan de la historia, en especial de aquella de Wallmapu, nombre que los mapuches damos a nuestro territorio. Lo aprendí de mis mayores, quienes además de los campos solían también cultivar la memoria. Ocho libros publicados llevo a la fecha, todos también disponibles en Amazon.

El dato del dinero fiscal que Teodoro Schmidt recibió para adquirir numerosos fundos se encuentra en mi obra más reciente. Fue a través de la Ley N° 981 del 23 de diciembre de 1897. Archivo Regional de La Araucanía y Biblioteca del Congreso Nacional, mis fuentes. El propio Schmidt lo cuenta en su manuscrito de 1916, el mismo que Montero cita varias veces en su libro. Curioso que se le haya escapado.

Me despido recordando al profesor Manuel Manquilef, de los primeros en el siglo XX en denunciar el despojo al pueblo mapuche. "Lo que vais a leer son unas cuantas verdades bien amargas. Mi ánimo no es ofender, solo hacer algunas observaciones para que de ellas tomen las personas cultas y honradas lo útil", escribió en 1915 en su libro *Las Tierras de Arauco*.

Manquilef fue director del Liceo de Hombres de Temuco, diputado en el Congreso Nacional y un destacado hombre público. En una sociedad distinta, menos racista, habría llegado a ser Presidente de la República. ¿Se lo imagina, Andrés? Chile sería hoy la Nueva Zelandia de Sudamérica, una democracia moderna, inclusiva y orgullosa de sus orígenes. Trabajemos para que algún día suceda.

PEDRO CAYUQUEO MILLAQUEO

Pedestales y prontuarios
Austral de Temuco, 14/junio/2020

De a poco caen las estatuas de polémicos personajes alrededor del mundo. Esta semana fue el turno del rey Leopoldo II de Bélgica, esclavista europeo de triste recuerdo en el Congo y a quien el escritor Mark Twain retrató en una descarnada sátira a comienzos del siglo XX. El *#BlackLivesMatter*, las protestas antirracistas globales tras la muerte del ciudadano afroamericano George Floyd terminaron con el monarca refugiado en la bodega de un museo.

Mucho peor le fue a la estatua del comerciante inglés de esclavos del siglo XVII Edward Colston. Su figura de bronce se emplazó en 1895 en el puerto de Bristol y las solicitudes para su retiro se acumularon durante años. Hasta que la paciencia se agotó: hace unos días su estatua fue arrancada de su pedestal por manifestantes y luego lanzada al fondo del río Avon. Que allí permanezca es el deseo de muchos.

El año 2015, la estatua de un colega catalán de Colston, el Primer Marqués de Comillas, Antonio López y López, terminó sus días en un museo de Barcelona, tras optar la ciudad por retirarla de la vía pública. Hacia 1850 López montó desde Cuba un verdadero holding empresarial esclavista, el que incluyó varias flotas de barcos y luego ferrocarriles y seguros. Se hizo millonario y pasó a la historia como un gran filántropo. Hasta que la memoria hizo lo suyo.

Largas luchas preceden este tipo de actos. Para algunos se trataría solo de vandalismo; para otros, en cambio, de una necesaria y saludable revisión de la historia y sus relatos.

En Estados Unidos desde los años setenta el movimiento indígena ha rechazado la celebración del *Columbus Day*, la versión local del 12 de Octubre hispano. A la fecha, más de 130 ciudades y siete estados han derogado la conmemoración, entre ellos el metropolitano Distrito de Columbia cuyo nombre está inspirado precisamente en el navegante genovés. En Washington desde 2019 se celebra en su reemplazo el Día de los Pueblos Indígenas.

Es una batalla que también han dado los afroamericanos.

El año 2017 la propuesta para retirar la estatua del General Robert E. Lee, quien luchó en la guerra civil en el bando de los Confederados favorables a la esclavitud, desató una oleada de graves incidentes en Charlottesville, Virginia. Allí los protagonistas fueron los supremacistas blancos opositores a la medida. Cientos marcharon por la ciudad, en una demostración de fuerza que dejó muertos y cientos de heridos. Fue un recordatorio de aquella vieja herida racial estadounidense imposible de cerrar.

En Wallmapu también han sucedido cosas.

El año 1992, en el marco de la visita del Rey de España a Valdivia para las "celebraciones" oficiales del Quinto Centenario, varios bustos del fundador del Reino de Chile terminaron en el suelo. Pasó en Temuco, Concepción y también en Valdivia, la ciudad de los festejos. Lo mismo aconteció tras el estallido social de octubre pasado: Cornelio Saavedra, Teodoro Schmidt y el propio Valdivia, tres personajes históricos cuyas estatuas resultaron víctimas de la rabia ciudadana y la ley de gravedad.

En Puelmapu el escritor Osvaldo Bayer lideró por años el movimiento Desmonumentar a Roca, logrando que estatuas a su figura y calles con su nombre fueran retiradas de numerosas ciudades de Argentina. Un libro necesario para entender aquella lucha es *Pedestales y prontuarios* (2019), del investigador trasandino Marcelo Valko. Allí se describen las claves de cómo el patrimonio conmemorativo naturaliza ciertos relatos —aquellos que glorifican a las élites dominantes— ocultando el prontuario de muchos personajes tras el mármol.

Para ello sirve revisitar la historia; para comprender nuestro presente y construir entre todos un mejor futuro. Uno con más memoria y menos olvido.

Recordar el cómo y el porqué
Austral de Temuco, 28/junio/2020

Como si fuera un *déjà vu*, las regiones del sur nuevamente se ven inmersas en la conflictividad asociada a una huelga de hambre de presos políticos mapuche. Hablamos de una protesta que ha carecido de la debida atención del gobierno y que se prolonga ya por dos meses. Es un libreto conocido el de las autoridades. Pasó también en 2010, durante el primer mandato de Sebastián Piñera y en plenos festejos del Bicentenario.

Aquel año la huelga involucró los penales de Temuco, Lebu, Angol y Concepción, más de ochenta días de protestas que desembocaron en una crisis de proporciones. Todo culminó tras una negociación que incluyó al entonces subsecretario de la Presidencia, Claudio Alvarado; el arzobispo de Concepción, Ricardo Ezzati, y representantes de los huelguistas. Uno de los presos en ayuno era Héctor Llaitul, el emblemático líder de la CAM.

¿Qué exigían entonces los presos mapuche?

La no aplicación de la Ley Antiterrorista, el fin a los dobles procesamientos y beneficios intrapenitenciarios. Lograron todo ello y mucho más. Pocos recuerdan que producto de aquella huelga se reformó más tarde la jurisdicción de la justicia militar. Desde entonces, ningún civil (sea mapuche o no) puede ser juzgado en Chile por fiscalías militares, una obviedad en cualquier democracia que se respete a sí misma.

Otra reforma involucró a la Ley Antiterrorista.

Aunque hoy cueste creerlo, hasta el año 2010 los menores de edad podían perfectamente ser acusados de terrorismo en Chile. Pasó con Luis Marileo, José Ñirripil y Cristián Cayupán, quienes debieron ayunar en recintos del Sename. En junio del año 2011, fruto de la protesta, el Congreso Nacional aprobó la reforma que excluyó la aplicación de dicha ley a los adolescentes, quedando así sometidos únicamente a la ley penal común.

Reforma al fuero militar y a la Ley Antiterrorista, dos significativos avances democráticos que —intentemos no olvidarlo— fueron posibles gracias a la protesta carcelaria.

Una década más tarde, el escenario se repite.

Ciudadanos mapuche, algunos condenados y otros en prisión preventiva, demandando beneficios intrapenitenciarios (los primeros) y cambio en sus medidas cautelares (los segundos). En medio de la pandemia, razones sanitarias sobran para atender sus peticiones. Sobrepobladas e insalubres, las cárceles constituyen un peligroso foco de contagio. Lo advierte la propia OMS, que ha llamado a los gobiernos a reducir su población penal.

Pero no solo existen razones sanitarias. También hay otras de solemne rango constitucional.

En 2008 el Estado de Chile ratificó el Convenio 169 de la OIT sobre pueblos indígenas y tribales. Hablamos del más importante tratado internacional sobre la materia vigente en nuestros días. Pues bien, uno de los temas que aborda el Convenio es precisamente la reclusión de miembros de pueblos indígenas, en especial aquellos involucrados en demandas o luchas por sus derechos culturales, políticos y territoriales.

Es así que en su artículo Nº 10 establece que "cuando se impongan sanciones penales previstas por la legislación general a miembros de dichos pueblos deberán tenerse en cuenta sus características económicas, sociales y culturales", subrayando expresamente que "deberá darse la preferencia a tipos de sanción penal distintos del encarcelamiento".

Harían bien las autoridades en leer de vez en cuando el Convenio 169 de la OIT. También los jueces de las regiones de La Araucanía y el Biobío, los flamantes encargados de administrar justicia y resguardar la correcta aplicación de las leyes en Wallmapu. Que se cumplan los tratados firmados por Chile ante la comunidad internacional. Eso, y no otra cosa, es lo que demandan los presos movilizados en Angol y Temuco.

¿Qué espera La Moneda para buscar salida política a la huelga? ¿Serán acaso los militares la única respuesta, tal como se anunció torpemente en la semana? El problema, sabemos, es mucho más profundo.

"Las políticas públicas indígenas no son ni han sido una prioridad para el Estado de Chile. Desde el retorno a la democracia los gobiernos han prometido medidas que han quedado solo en palabras. Es necesario urgentemente cumplir lo prometido, demostrando real voluntad de diálogo y de compromiso con la palabra empeñada. Debe ponerse fin a esta forma de hacer política que genera desconcierto, desconfianza y justa indignación".

La cita anterior es parte del lapidario diagnóstico de Fundación Aitue —entidad vinculada a los gremios productivos y no a los huelguistas— dado a conocer el pasado 24 de junio en Temuco. "Desconcierta que normalmente permanezcan sin mayor efecto las promesas a los pueblos indígenas", agregó monseñor Héctor Vargas, directivo de Aitue y cabeza de una publicitada comisión asesora durante el segundo mandato de Bachelet.

El pasado estallido social y la actual crisis sanitaria tienen al segundo gobierno de Piñera, literalmente, con ventilador mecánico. Puestas así las cosas, abrir un canal de diálogo político con los huelguistas y descomprimir el conflicto en Wallmapu bien podrían significar un tanque extra de oxígeno. Ministro Blumel, ya lo hicieron el año 2010 y con relativo éxito. Es cosa de recordar el cómo y el porqué.

La ley del más fuerte
Austral de Temuco, 26/julio/2020

El año 2008, estando en Filadelfia por temas académicos, pude ser testigo de la primera campaña de Barack Obama a la Casa Blanca. Fueron meses de gran efervescencia política y los académicos de la Universidad de Penn —demócratas en su mayoría, según pude notar— abiertamente manifestaban su preferencia por el senador de Illinois. Todos, de una u otra forma, destacaban el cambio cultural que vivía la sociedad estadounidense.

Una noche, cenando en casa de uno de ellos, pregunté si acaso el verdadero cambio cultural que Estados Unidos requería no tenía que ver más bien con dejar atrás el histórico y vergonzoso maltrato a las tribus. "Son los originales habitantes de este territorio y para ellos no hubo esclavitud, hubo un exterminio del cual bastante poco se habla en la universidad y en esta mesa", argumenté de manera vehemente.

Mi intervención, primera sorpresa, no cayó mal a nadie. Todo lo contrario, dio paso a un interesante debate sobre la situación actual de los nativoamericanos. También significó la invitación, por parte de mi gentil anfitrión, a conocer la tribu de los lenape —los originales habitantes del río Delaware en Pensilvania— y las propuestas de Obama en materia indígena. "Da una mirada al documento, puede ser interesante para el caso mapuche", me dijo.

Aquella fue la segunda sorpresa.

En Estados Unidos las tribus gozaban no solo de reconocimiento. También de un avanzado autogobierno que las hacía ser consideradas "naciones semi-soberanas" por las autoridades estatales y federales.

"Tenemos una condición jurídica semejante a la doble nacionalidad. Cada tribu es autónoma y decide sus propios asuntos en todo lo que no atañe a defensa exterior; es decir, en lo social, político, económico y cultural", me contó días más tarde Susan Shown Harjo, miembro de la Nación Cheyenne y una de las voces indígenas más reconocidas del periodismo estadounidense.

"Eso incluye la aplicación de nuestra propia justicia", subrayó.

De ello trataba justamente la propuesta indígena de Obama: ampliar la jurisdicción de la justicia indígena —hasta entonces restringida a los miembros de las tribus— sobre gente blanca al interior de las reservaciones.

Desde entonces mucha agua ha pasado bajo el puente.

El pasado 12 de julio un histórico fallo de la Corte Suprema amplió la jurisdicción de las tribus de Oklahoma a casi la mitad del territorio del estado basado en tratados firmados en 1832 y 1833. En ellos "había una promesa que el país mantiene", sentenció el fallo. Avalar los engaños que se usaron desde entonces para pasar por encima de las tribus "sería aceptar la ley del más fuerte, no el estado de derecho", subrayaron los jueces.

La diferencia con Chile me vuela siempre la cabeza.

Autogobierno, reconocimiento de tratados, justicia propia, un largo etcétera de avances que solo planteados en Chile implicaría ser tildado de terrorista étnico. Lo estamos viendo con la huelga de hambre del machi Celestino Córdova y otros presos mapuche en las cárceles de Temuco, Angol y Lebu, hasta hoy sin respuesta de la autoridad.

No demandan ellos grandes cosas.

La mayoría solicita cambios en sus medidas cautelares y, los menos, cumplir condena fuera de recintos carcelarios, en centros de estudio y trabajo o bien en sus propias comunidades. Todo avalado por el Convenio 169 de la OIT, ley vigente de rango constitucional, y una crisis sanitaria única en cien años.

Reconocer el derecho de los presos mapuche —lo sean por causas políticas o delitos comunes— a módulos especiales, desarrollar prácticas culturales y acceder a beneficios intrapenitenciarios es todo un desafío para el Ministerio de Justicia y Gendarmería, coherente además con sus fines de rehabilitación y reinserción social. También lo es para quienes suelen confundir los "derechos indígenas" con privilegios que atentarían contra la igualdad ante la ley. Nada más burdo y equivocado.

Parafraseando a los jueces de la Corte Suprema de Estados Unidos, avalar los engaños y atropellos que desde fines del siglo XIX cometió el Estado chileno con el pueblo mapuche y sus jefaturas tradicionales —origen de muchas de las controversias y conflictos actuales— sería simplemente aceptar la ley del más fuerte, no el estado de derecho.

Lamentablemente, La Araucanía está muy lejos del estado de Oklahoma. Y la distancia, como se habrán dado cuenta, no tan solo es geográfica.

¿Qué debe hacer Víctor Pérez?
Austral de Temuco, 9/agosto/2020

Me preguntan en Santiago qué debe hacer el nuevo ministro del Interior, Víctor Pérez, para resolver el conflicto en el sur. Nada, respondo. Hablo en serio, nada. Sucede que su cartera siempre ha disputado con Desarrollo Social la preeminencia sobre el tema indígena y con resultados desastrosos. Prueba de ello fue lo sucedido en 2018 con los exministros Andrés Chadwick y Alfredo Moreno. Por un lado represión, por el otro intentos de diálogo que terminan en nada.

En La Moneda la llaman pomposamente estrategia de "cuerdas separadas", pero la verdad es que ambas cuerdas siempre terminan enredándose. Le pasó a Moreno con el Comando Jungla y el crimen policial de Camilo Catrillanca, ambas responsabilidades directas de Interior que terminaron saboteando su gestión. Esa disputa en La Moneda, posible de observar también en todos los gobiernos anteriores, es parte del grave problema que enfrentamos.

Resolver el conflicto —hablo del conflicto centenario entre el Estado y las primeras naciones— no será tarea del recién asumido Víctor Pérez. Tampoco de la actual administración de Chile Vamos. Será tarea de futuros gobiernos, de otros hombres y mujeres que superarán, uno esperaría que con mayor inteligencia y sabiduría, este momento gris y amargo. El segundo mandato del presidente Piñera, políticamente hablando, ya terminó. Es historia.

Piñera ya no gobierna para el país, gobierna para su coalición, para una descontenta base electoral que le reprocha haber sido demasiado débil a la hora de enfrentarse con "la calle". No le perdonan haber "entregado" la Constitución de 1980 tras el estallido social. Tampoco no haber alineado al oficialismo tras la defensa del sistema privado de pensiones; el famoso 10% de las AFP fue un duro golpe para la ortodoxia neoliberal. No fue menor el enojo de sus socios controladores. A Blumel le costó la pega.

Derrota tras derrota, con niveles de aprobación por el suelo, La Moneda ha optado por un repliegue en su electorado más duro. Ello fue el cambio de gabinete, un alistar las tropas para la madre de todas las batallas: el plebiscito y la convención constituyente. He allí la principal preocupación actual del gobierno: evitar en octubre próximo una nueva derrota política, una que podría resultar devastadora para el propio futuro de la derecha como sector.

¿Qué debe hacer el ministro Pérez en el tema mapuche?

Nada. O quizás sí debe hacer algo: no torpedear las posibles negociaciones que el ministro de Justicia ya impulsa con los huelguistas mapuche. La solución a la actual crisis que se vive en La Araucanía está en manos del ministro Larraín, no en el despacho de Pérez. Haría bien este último en restarse de cualquier protagonismo. Probado está, lo vimos en su visita a la región, que políticamente se comporta como un elefante en la cristalería.

No es menor el desafío que enfrenta Larraín. Requerirá de su parte no solo de muñeca política. También de mucha visión de Estado. A su favor juega que ya pasó por esto antes, hace una década, siendo senador por la UDI. Pocos recuerdan su rol clave en la huelga de hambre que presos del FPMR, MIR y Lautaro —tres grupos "extremistas" para la derecha— mantenían en la Cárcel de Alta Seguridad (CAS) en pos de beneficios penitenciarios.

Aquellas negociaciones, que incluyeron el envío de dos proyectos de ley al Congreso, fueron lideradas por el ex vicario de la Pastoral Social, monseñor Alfonso Baeza, y contaron con el sorpresivo respaldo del entonces senador de oposición y líder de la UDI. En aquella oportunidad hubo indultos, conmutaciones de penas y beneficios para la mayoría de los huelguistas subversivos. Los presos mapuche, hasta donde sabemos, piden mucho menos que eso.

El modelo neozelandés
Austral de Temuco, 22/agosto/2020

De lo mucho que se ha publicado sobre el tema indígena estas semanas quiero destacar una entrevista, aparecida en el diario La Tercera al ex ministro neozelandés Christopher Finlayson. Hablamos de uno de los principales negociadores con los maoríes en la resolución del histórico conflicto en Nueva Zelandia.

Miembro del Partido Nacional, entre 2008 y 2017 se desempeñó como ministro para las Negociaciones del Tratado de Waitangi. En sus nueve años en el cargo logró sellar cerca de sesenta pactos con las diversas jefaturas maoríes. Su larga experiencia la extrapola al caso mapuche, cuya estructura social basada en centenares de lonkos y comunidades le resulta conocida.

"Yo no puedo negociar con los maoríes porque hay tantas tribus que no funcionaría. En el caso mapuche nunca se va a poder negociar como un solo grupo, deberán dividirlos en subgrupos", advierte al respecto. Es algo que ya la Corona española había establecido como fórmula en los parlamentos coloniales; la negociación por Futalmapu o grandes territorios.

Pero ¿cuándo comenzó a cambiar la mala relación entre neozelandeses y maoríes? Según Finlayson, hay que remontarse medio siglo atrás, a mediados de los setenta, cuando jóvenes maoríes comenzaron a revalorizar su cultura, su lengua y también una memoria herida que pronto estalló en protestas en las principales ciudades del país. Razones tenían para estar molestos, reconoce.

"Ellos nunca fueron tratados particularmente bien. Uno escuchaba historias de niños castigados por hablar maorí en las escuelas, donde se esperaba que hablaran inglés. Además, cuando creció la urbanización de Nueva Zelandia, los maoríes sufrieron el desarraigo de sus memorias por el cambio desde sus tierras tribales y su tradicional forma de vida", cuenta.

Fue entonces cuando estalló la violencia o "la desesperación por parte de los maoríes", como prefiere llamarla. Las protestas rápidamente pusieron el tema en la agenda pública, reconoce Finlayson. "Es cuando el gobierno de la época estableció lo que hoy se conoce como el Tribunal de Waitangi (1975), cuyo objetivo era abordar las reclamaciones y quejas de las diferentes tribus", relata.

El tribunal debía su nombre a un histórico tratado firmado entre la Corona británica y las tribus maoríes en 1840. Allí la reina Victoria I reconoció las tierras de los maoríes, la jurisdicción de sus jefaturas y ellos, por su parte, la soberanía de la Corona sobre las islas. Conocido por los neozelandeses como The Treaty, se considera el punto fundacional de Nueva Zelandia como nación.

El Tribunal de Waitangi, agrega Finlayson, buscaba entonces revisar cuánto del tratado original de 1840 se había respetado y cuánto no por parte de la Corona. Más tarde, en 1984, su jurisdicción se extendió para realizar investigaciones y abordar reclamos históricos. "Eso hizo surgir numerosas investigaciones históricas y, entonces, comenzó el proceso de reconciliación", subraya.

Hoy en la oposición, Finlayson asegura que, si bien ha sido la izquierda la más cercana a los maoríes, es su colectividad de centroderecha la que más acuerdos ha firmado históricamente con ellos. "Nosotros estamos más alineados con los maoríes por nuestro respeto al derecho de propiedad", subraya, reconociendo que los reclamos por tierras tratan, al fin y al cabo, de conflictos entre propietarios.

Ello eran las jefaturas maoríes, propietarios que fueron violenta o fraudulentamente despojados de sus tierras por colonos blancos, reconoce Finlayson. No muy distinto al caso de las jefaturas mapuche, lonko, ulmen e inan lonko; despojados de sus tierras tras un siglo de colonización chilena y europea en La Araucanía. He allí también el trasfondo histórico de un conflicto local que, lejos de amainar, empeora día tras día.

En Nueva Zelandia estos litigios los resuelve el Tribunal de Waitangi. "Allí empiezan las negociaciones, las que llevan a compensaciones territoriales y económicas. El principio fundamental es que la tierra privada no está disponible, pero sí la tierra fiscal. Entonces, no puedo ir y decirle al granjero Jones: «Quiero llegar a un acuerdo con la tribu local, así que tengo que quitarte tu tierra». Eso causaría un enfrentamiento", señala.

"No se puede hacer un bien sumando dos errores. Se puede hacer que las tribus y la Corona hagan una oferta y compren esa tierra, pero ese es un asunto distinto", comenta Finlayson.

Pero más allá de la entrega de tierras y las millonarias compensaciones, la clave es el cambio de actitud del Estado con los maoríes. "No hay nada más poderoso que el perdón y la promesa de una mejor relación, decir 'lo lamento', 'nos equivocamos', 'no los tratamos bien' y prometemos hacerlo mejor en el futuro", subraya el exministro. Importante es también el profundo cambio cultural vivido por la sociedad neozelandesa.

"Hay cada vez más conciencia de que se debe corregir el declive calamitoso de la cultura y lengua maorí. Hoy en Nueva Zelandia hay dos lenguas oficiales: el maorí y el lenguaje de señas. El inglés, formalmente, no es una lengua oficial, no tiene ningún reconocimiento constitucional", relata Finlayson. "La experiencia neozelandesa puede entregar una guía, pero la que Chile elija debe ser una fórmula chilena", concluye.

En 1825, quince años antes del Tratado de Waitangi, el Estado de Chile firmó en Tapihue el último tratado con las principales jefaturas mapuche lideradas por el ñizol lonko Francisco Mariluán. Sus tratativas tomaron dos años y en ellas se involucró el propio Ramón Freire, entonces Director Supremo, quien, buscando respaldo político, llegó a exponer ante el Congreso Nacional el texto del acuerdo.

El Tratado de Tapihue se firmó el 7 de enero de 1825, siendo ratificado en diciembre de 1825 y en abril de 1827. En Tapihue el Estado reconoció la autonomía mapuche, la jurisdicción de sus lonkos y estos, por su parte, la soberanía del naciente Estado. Treinta y tres artículos que regulaban diversas materias entre dos naciones dispuestas a convivir y dejar a un lado la confrontación del período posterior a la independencia. Sí, hablamos de nuestro propio Waitangi.

Volver a los parlamentos
Austral de Temuco, 6/septiembre/2020

El pasado viernes líderes del Consejo de Lonkos y Machi de La Araucanía llegaron hasta La Moneda. Allí fueron recibidos por el presidente Piñera, quien comprometió la participación del gobierno en un Füta Trawün, o gran junta, a realizarse próximamente en Carahue. Mismo compromiso asumieron autoridades del Congreso y el Poder Judicial, convocados a parlamentar una "solución histórica" al conflicto con la mediación del INDH.

Bien por el diálogo en un conflicto en el que la lógica de los calabozos ha sido, por lejos, la predominante. Sin embargo se hace necesario aterrizar las altas expectativas. Sin la participación activa de los sectores mapuche movilizados, aquellos que con sus acciones han puesto el tema en la agenda pública —pagando por ello un alto costo—, hablar de una solución histórica resulta cuando menos aventurado.

La paz, no debemos olvidarlo, se hace con los contrarios, no con los amigos o con quienes lejos están de protagonizar los conflictos.

Es quizás la principal debilidad de la iniciativa: la ausencia en la convocatoria de la Coordinadora Arauco-Malleco, la Alianza Territorial Mapuche y aquellos lof movilizados en Ercilla, todos actores ineludibles. Lo propio sucede con el activo cordón Cañete-Lleu-Lleu-Tirúa en la franja lafkenche: brillan por su ausencia. Y no solo los "duros". Tampoco figuran los alcaldes mapuche hoy parte de una activa asociación de municipalidades.

Hay además otro factor que juega en contra.

No es un secreto la cercanía del Consejo de Lonkos y Machi con la administración Piñera. Ello alimenta dudas y suspicacias. Lo propio sucede con la oportunidad de la convocatoria —en medio de una prolongada huelga de hambre carcelaria sin solución— y lo apresurado de su realización, en apenas un par de días más. Imposible hablar entonces de un "Parlamento" propiamente tal entre el Estado y el pueblo mapuche. No da para tanto.

Pero, más allá de sus deficiencias, es dable reconocer que los lonkos tocan una tecla que sí es correcta. Lo hacen al reivindicar el Füta Trawün, o la tradicional junta mapuche, como mecanismo de abordaje y resolución de controversias con el Estado. He allí lo interesante de la irrupción de lonkos y machi en el complejo escenario actual: nos muestran un camino, el de los parlamentos antiguos.

El Koyag, o parlamento, fue la institución diplomática por excelencia en tiempos coloniales. A juicio del profesor José Manuel Zavala, editor de la monumental obra *Los parlamentos hispano-mapuches 1593-1803*, eran "tratados en el lenguaje del derecho internacional, contraídos por entidades autónomas que poseían potestad y representatividad para su ejecución". Hablamos de instituciones de alta política, no de tomateras como las ridiculizó Diego Barros Arana.

Sus preparativos tomaban meses y en ellos se involucraban altas autoridades de la Corona y las principales jefaturas mapuche. También los capitanes de amigos, comisarios de naciones y lenguaraces, actores claves de aquel fascinante mundo fronterizo. Los hubo acotados a un Fütalmapu (gran territorio nagche, wenteche, pewenche…) y otros de carácter general en los que la convocatoria se ampliaba a todo el país mapuche, de mar a cordillera.

El más célebre de estos últimos fue el Parlamento de Negrete.

Tuvo lugar entre el 4 y el 7 de marzo de 1793 al borde del río Biobío, por iniciativa del Gobernador de Chile, Ambrosio O'Higgins, e incluyó a parcialidades trasandinas. Buscaba ratificar acuerdos alcanzados en el Parlamento de Lonquilmo de 1783, diez años antes. El propio O'Higgins había dirigido esa junta pero con el rango de brigadier o jefe militar de la frontera. En Negrete lo hizo estrenando su nuevo cargo y para ello tiró la casa por la ventana.

Hasta hoy es considerado el más suntuoso, caro y solemne parlamento realizado en la frontera mapuche por el Imperio español.

Los parlamentos desaparecieron como institución a fines del siglo XIX, tras la invasión chileno-argentina de Wallmapu, y con ellos también las grandes jefaturas basadas en los Fütalmapu. Fue entonces cuando los mapuche pasamos del derecho de gentes al derecho penal; es decir, de contraparte diplomática a ser perseguidos como delincuentes en nuestro propio suelo.

Más de un siglo llevamos en ello y los resultados saltan a la vista. ¿No será acaso la hora de un cambio?

El gran territorio del sur
Austral de Temuco, 20/septiembre/2020

En estos días de fiestas patrias chilenas los mapuche también conmemoramos un valioso hito de nuestra historia. Me refiero al Parlamento General de Las Canoas, entre los williche y la Corona española. Esta junta tuvo lugar entre el 8 y 11 de septiembre de 1793 a orillas del río Rahue, en Osorno.

Allí se reunieron importantes jefaturas con el Gobernador de Chile, Ambrosio O'Higgins, padre del prócer chileno.

En esos años el Futawillimapu, o "gran territorio del sur", abarcaba desde el río Toltén hasta Chiloé y era el hogar de los clanes williche. Aclaro que williche no es una denominación étnica, significa "gente del sur", y es una de las identidades territoriales que componen la gran nación cultural y lingüística mapuche. Pero innegable es que su rica historia daría para varios libros aparte.

Lo charlamos en 2019 con el historiador Eugenio Alcamán, destacado investigador de la cultura, lengua e historia williche. Ambos coincidimos en la Feria del Libro de Puerto Montt, en el Melipulli de nuestros ancestros. Alcamán presentaba allí su libro *Memoriales mapuche-williches. Territorios indígenas y propiedad particular (1793-1936)*, un acabado estudio sobre la poco santa constitución de la propiedad austral.

"No existe una sola historia mapuche y quien lo sostenga se equivoca. Existen tantas historias mapuche como identidades territoriales componen nuestra rica geografía social, lingüística y cultural. Prueba de ello es la historia de los cacicatos williche, distinta en ciertos aspectos a la mapuche de más al norte", comentó Alcamán en aquella ocasión.

Tiene razón el peñi. En tiempos coloniales los williche en alianza con los puelche ("gente del este", actual lado trasandino) sumaron sus lanzas al alzamiento general mapuche que destruyó, a fines del siglo XVI, las siete ciudades españolas al sur del río Biobío. Dos de ellas, Santa María la Blanca de Valdivia (1599) y San Mateo de Osorno (1603), caerían producto del asedio de sus bravos weichafe.

Valdivia pudo ser refundada en 1645 tras el Pacto de Quilín (1641), firmado entre los mapuche y el entonces Gobernador de Chile, Francisco López de Zúñiga. Osorno debería esperar mucho más tiempo, casi dos siglos. Su lenta refundación solo fue posible tras la construcción del Camino Real entre Corral y Maullín, cuyas obras datan de 1787, y especialmente tras el Parlamento de Las Canoas que hoy recordamos en esta columna.

Celebrado en las cercanías del sitio de la antigua ciudad española, es considerada la junta diplomática más importante de la historia williche. Tuvo como antecedente el alzamiento de los cacicatos de Río Bueno y Ranco de octubre de 1792 y la consiguiente guerra española emprendida en contra de quienes buscaban, entre otras cosas, impedir la reapertura del Camino Real.

"La convocatoria al Parlamento General de Las Canoas fue decidida por el gobernador de Chile con la finalidad expresa de que los cacicatos consintieran la anhelada reapertura del camino de Valdivia a Chiloé y la repoblación de la antigua ciudad de Osorno, cuyas ruinas casualmente habían sido encontradas durante la campaña represiva de 1792", relata Alcamán. Y así sucedió.

En Las Canoas los lonkos autorizaron la refundación de Osorno y el asentamiento de colonos españoles en sus inmediaciones; aceptaron, además, la sujeción a la Corona y comprometieron asistencia militar ante posibles amenazas externas. También, por supuesto, autorizaron la reapertura del famoso camino y el libre tránsito del correo entre las ciudades españolas.

Los hispanos, por su parte, reconocieron la estructura del cacicato y el ejercicio de su autoridad y jurisdicción en todos aquellos "asuntos internos" fuera de la administración colonial. En simple, su derecho al autogobierno. Hablamos del otorgamiento de un "fuero especial" coherente con la tradición del derecho internacional de aquel entonces, explica Alcamán.

"Este tratado constituye un hito histórico para las comunidades williche, por esta razón lo siguen recordando y reclaman aún su vigencia", se lee en el Informe de la Comisión Verdad Histórica y Nuevo Trato con los Pueblos Indígenas, del año 2003. "Los caciques mapuche-williche desde la suscripción del Tratado de Las Canoas entendieron que éste les reconocía autonomía y derechos territoriales", subraya por su parte Alcamán.

En estas fiestas patrias chilenas sepamos también reivindicar este otro importante hito histórico, uno que debería enorgullecer a todos los habitantes del gran territorio del sur.

Hacia una nueva Constitución
Austral de Temuco, 18/octubre/2020

Hasta antes del 18 de octubre de 2019 dudaba de que aquel largo sueño neoliberal chileno llegase algún día a su fin. Pero el milagro aconteció. Chile despertó y lo hizo identificando sus propios anhelos de cambio social y profundización democrática con la larga lucha de nuestros pueblos por reconocimiento y dignidad, por justicia y reparación.

Prueba de esto último son las tres banderas de profundo significado indígena que han coronado desde entonces marchas, manifestaciones y cabildos de Arica a Magallanes: nuestra rebelde Wenufoye, la ceremonial Wüñelfe y también la Wiphala de los pueblos andinos, "el triunfo que ondula al viento", según su bello significado en aimara.

Los mapuche, por cierto, despertamos mucho antes que los chilenos. Me atrevería a decir que el mismo día dos del retorno de la democracia. Quinquén, Truf-Truf, Ralco y Lumaco fueron cuatro emblemáticos conflictos en la década de los noventa que tempranamente instalaron en Wallmapu la contradicción "pueblo mapuche versus modelo de desarrollo"; "pueblo mapuche versus institucionalidad del Estado".

Treinta años han pasado ya de aquellas luchas.

Sí, nuestro despertar aconteció mucho antes que los chilenos y los costos que hemos debido pagar han sido altos y dolorosos.

Mientras escribo estas letras el Tribunal de Juicio Oral en lo Penal de Angol acaba de anunciar la reprogramación, para el 21 de enero de 2021, del inicio del juicio oral en contra del coronel de Carabineros en retiro Marco Aurelio Treuer, acusado del crimen —mediante un escopetazo en la cabeza— del adolescente mapuche Álex Lemún. Los hechos acontecieron en noviembre del año 2002 al interior del fundo Santa Alicia de Angol, en el marco de un violento desalojo policial. Hablamos de un crimen que ha permanecido impune por veinte años. ¡Dos largas décadas!

No muy lejos de aquel fundo, al interior del lof Temucuicui de Ercilla, Camilo Catrillanca sería acribillado por efectivos del GOPE en noviembre del año 2018. El juicio contra los responsables, también radicado en el Tribunal de Angol, debería reanudarse el próximo 27 de octubre, tras ser postergado hace medio año por la actual crisis sanitaria.

Siete son los ex funcionarios de Carabineros acusados por el Ministerio Público además de un abogado civil. Se les imputa homicidio consumado, homicidio frustrado, apremios ilegítimos, obstrucción a la investigación, falsificación de instrumento público, infidelidad en la custodia de documentos y prevaricación, entre otros delitos. Lemún y Catrillanca, dos casos judiciales que son noticia mientras redacto estas líneas.

Pero los chilenos, tras el estallido social, también han pagado un alto costo por su rebeldía.

Según un informe del Instituto Nacional de Derechos Humanos, desde octubre de 2019 se han reportado en Chile 490 casos de torturas y vulneración de derechos en manos de Carabineros. De ellos, 112 corresponden a casos de violencia sexual. El informe constata además 259 casos de heridas oculares, entre ellos Gustavo Gatica y Fabiola Campillay, quienes perdieron la vista en ambos ojos.

Nada hace suponer que intervenir y reformar Carabineros sea una prioridad para el actual gobierno. Todo lo contrario.

En días recientes un joven manifestante terminó gravemente herido, en el lecho del río Mapocho, tras ser lanzado allí por un efectivo policial desde el puente Pío Nono. Salvó con vida de milagro. Desatada la polémica, el respaldo de La Moneda a los protocolos y la "necesaria y fundamental labor de Carabineros" fue absoluto. El joven apenas tenía 16 años, misma edad de Álex Lemún al recibir aquel disparo fatal en su cabeza.

"Peñi, los abusos de Carabineros se han agravado; ahora cargan por igual contra todos, seamos o no mapuche", me comentó tiempo atrás un destacado lonko de Malleco. Su observación, cargada de crudo realismo, no deja de ser cierta. Pero de la misma forma que se ha generalizado la violencia y brutalidad policial, también lo ha hecho la solidaridad entre nuestros pueblos. Quizás como nunca antes. De ello trata el momento constituyente que estamos viviendo en Chile.

¿Qué nos jugamos los mapuche en el próximo plebiscito y proceso constituyente?

Algunos dirigentes mapuche, ingenuamente, suponen que nada. Que no interesa. Que da lo mismo. Que es "cosa de winkas". Créanme, no es así. Nos jugamos el marco constitucional con el cual nuestras luchas (para bien o para mal) deberán lidiar por las próximas cuatro o cinco décadas en Chile. Y también la disputa por una hegemonía cultural blanca que por demasiado tiempo nos ha sido esquiva y desfavorable; cuando no, absolutamente contraria.

Reescribir juntos, chilenos y mapuche, una nueva Constitución es un desafío democrático de primer orden. Permitiría canalizar no solo los anhelos de justicia social de las grandes mayorías de chilenos y chilenas; también, las postergadas aspiraciones de justicia, territorio y libertad del conjunto de las primeras naciones que hace siglos, tal vez milenios, hicieron de este rincón del mundo su hogar. Es lo que nos jugamos el próximo 25 de octubre, en exactos siete días más.

Les soy honesto. Fuera del proceso constituyente no veo a corto y mediano plazo caminos de solución al conflicto que cada día recrudece en intensidad y violencia en Wallmapu. Lo hemos visto, persiste la conflictividad alimentada por la propia ineptitud de quienes nos gobiernan, hábiles para presentar querellas pero incapaces para avanzar en reconocimiento de derechos, reparación del daño causado y transferencia de competencias a nuestros pueblos, medidas propias de democracias modernas.

El proceso constituyente, en cambio, nos ofrece una inédita oportunidad de diálogo interétnico con la sociedad no indígena, clave si queremos avanzar en un entendimiento mutuo más allá del Estado, la clase política y sus deficiencias.

En momentos cuando chilenos y chilenas se cuestionan tantas cosas —los negativos efectos del modelo económico, la mercantilización de derechos sociales, la corrupción política y el abuso de poder— bueno sería invitarlos también a repensar su relación con las primeras naciones, a deconstruirse de más de un siglo de negación y menosprecio de sus verdaderos ancestros. Ello implica participar, aunar voluntades de cambio, no restarse.

La nueva Constitución, plurinacional e intercultural, será la casa grande que heredaremos a las nuevas generaciones. Que sea una ruca donde por fin quepamos todos y todas.

El triunfo del Apruebo
Austral de Temuco, 1/noviembre/2020

Permítanme referirme en esta columna al plebiscito del pasado domingo y sus implicancias para el conflicto que vivimos en el sur. El triunfo del Apruebo fue histórico, emotivo, esperanzador. Y de todas las imágenes que graficaron en los medios este nuevo Chile me quedo con la portada del diario Publimetro del lunes posterior a la votación.

Allí figura la llamada Plaza Dignidad, epicentro de las manifestaciones en Santiago, y decenas de banderas mapuche que han sido, por lejos, el principal símbolo de toda esta historia. Son banderas que flamean entre una multitud que celebra y fuegos artificiales que iluminan desde el cielo la escena. ¿Quiénes las enarbolan? ¿Qué los motiva a hacerlo?

Por cierto habrá personas mapuche en la multitud, qué duda cabe. Un alto porcentaje de población mapuche migró por razones económicas —la falta de tierras, una de ellas— desde el sur a Santiago en la segunda mitad del siglo veinte, oleadas que jamás se detuvieron del todo. Allí, junto a la región de Valparaíso, se encuentra el grueso de nuestra población actual, no en La Araucanía. Pero ello no explica el fenómeno.

Pasa que nuestra bandera está demasiado presente en todo lugar que uno visita. Me ha tocado verlo, vivenciar, en marchas, cabildos y un sinfín de espacios ciudadanos desde los tiempos pre-pandemia, tanto al norte como al sur del Biobío, sea en grandes urbes o comunas pequeñas. ¿Qué explica, entonces, su popularidad entre los chilenos?

Creo que es un cambio cultural en desarrollo hace largo tiempo y que a partir del estallido social simplemente floreció en la sociedad chilena. Hay en las nuevas generaciones un reencuentro genuino con aquella identidad mestiza, champurria, negada por tanto tiempo y cuando no abiertamente despreciada por ese Chile blanco y racista de los manuales escolares.

Es un reencuentro y también una búsqueda que debemos los mapuche aplaudir y acompañar. Darle la espalda —y hacer además lecturas erradas sobre ello— no creo que sea el camino más inteligente. Lo demostró el propio plebiscito y sus resultados. Un aplastante ochenta por ciento votó a favor del Apruebo, otro ochenta por ciento por la Convención Constitucional y, por si no bastara, en la derechista región de La Araucanía el Rechazo fue derrotado en cada una de sus 32 comunas.

¿Qué nos dicen estos sorprendentes resultados?

Que, al igual que en el resto de Chile, una inmensa mayoría de los habitantes de Wallmapu está a favor de una nueva Carta Fundamental, de un nuevo Pacto Social, uno en el que en verdad quepamos todos y todas, incluido el pueblo mapuche. Aún falta que se garantice nuestra representación y participación efectiva vía escaños reservados, es verdad. Esta semana se vota esa posibilidad en el Congreso y mi esperanza es que aquello también se logre.

Sería impensable, una verdadera vergüenza ante el mundo, una Convención Constitucional sin nosotros.

Participar, no restarse, acompañar y ser protagonistas de este proceso constituyente pareciera a todas luces ser el camino correcto. Allí nos encontraremos todos aquellos y aquellas que soñamos un Chile distinto, uno donde por primera vez los mapuche no sean tratados como extranjeros en su propio suelo; uno donde por fin nuestras demandas y aspiraciones no sean perseguidas como amenazas y nuestros lonkos, como terroristas.

El conflicto que nos duele y que semana a semana golpea en el sur nuestra frágil convivencia, créanme, tiene solución. Ello pasa por el diálogo político, por el encuentro entre culturas, por la deliberación democrática y el abordaje pacífico de nuestras controversias. El año 2021 no solo estaremos redactando una nueva Constitución Política para Chile; también, un nuevo y mejor presente para todos los habitantes de Wallmapu.

Rosendo Huenumán (1935-2020)
Austral de Temuco, 15/noviembre/2020

Tenía pendiente publicar esta columna. Fue escrita en homenaje a don Rosendo Huenumán García, exdiputado por la provincia de Cautín (1973), recientemente fallecido en su tierra mapuche de Cholchol. Nos dejó a los 85 años. Tuve el honor de conocerlo, de entrevistarlo varias veces y de escuchar sus numerosas y vívidas historias, propias de un hombre excepcional.

El peñi Huenumán fue dirigente campesino y sindical en los sesenta, diputado en los setenta, exiliado político en los ochenta y nuevamente dirigente social en los noventa. Pasó más de medio siglo dedicado a la defensa de nuestros derechos como pueblo y al fomento de nuestra cultura.

Hoy recuerdo al dirigente, pero también al padre, al abuelo, al tío, al amigo, al noble ser humano que fue en su paso por esta tierra que caminamos, el nagmapu. Son muchas vidas las que vivió don Rosendo y de todas ellas las nuevas generaciones podrían aprender algo. Vidas caracterizadas por un compromiso ético y político inclaudicable.

Su tuwün y kupalme, aquel lazo territorial y sanguineo que nos define como mapuche, se hallaba en la costa del Pacífico. Allí, en los cerros de Hueñalihuén, comuna de Saavedra, nació un 22 de marzo del año 1935. Desde pequeño trabajó en el campo cooperando en las labores agrícolas de sus mayores. La pobreza y la falta de tierras golpeaban por entonces duramente a su familia, contaba siempre.

Aquellos eran tiempos tristes en su memoria. Tal vez por ello, apenas pudo, decidió tomar las riendas de su propio destino. Lo hizo a los 10 años, cuando partió en tren a Temuco para emplearse como mozo en casa de unos hacendados locales. Ello le impidió asistir a la escuela y recién aprendió a leer a los doce años de edad, en la escuela nocturna. Allí cursó sus estudios primarios y secundarios.

"Como en esos años era gratis estudiar y solo había que hacerle empeño, me propuse ser profesor", me contó en una de nuestras charlas. Con ayuda de sus patrones se trasladó a Concepción, donde estudió pedagogía en la Universidad Técnica del Estado. Allí, para costear sus gastos, trabajó como minero del carbón en Lota y vendedor de diarios en las calles de Concepción.

En los sesenta, década de gran efervescencia política, comenzó su interés por la política.

"De a poco fui entendiendo aquello de la explotación del hombre por el hombre y frente a esa situación opté por ser un rebelde", me confidenció también años atrás. Se volvió entonces un rebelde pero con causa. Tras graduarse como profesor regresó a su tierra de origen, enseñando a niños y niñas de apartadas zonas rurales.

Fue en el gobierno de Eduardo Frei Montalva, en el marco de la implementación de la Reforma Agraria, cuando comenzó a participar activamente en política. Lo hizo cooperando en la sindicalización de los campesinos y también acompañando las luchas por tierras usurpadas de numerosas reducciones mapuche. Su propia comunidad, la "José Painecura", protagonizaría una de ellas.

Años más tarde, en el gobierno de la Unidad Popular, presidiría la Federación Campesina Luis Emilio Recabarren, llegando a ser dirigente de la Federación Campesina e Indígena Ranquil, la más importante del país. Ello lo catapultó como líder político regional, siendo electo diputado en 1973 con la primera mayoría en Cautín en la lista del Partido Comunista, una verdadera hazaña.

De su paso por el Congreso Nacional siempre relataba la siguiente anécdota acontecida el día de su juramento.

Aquel 21 de mayo de 1973 Huenumán fue el séptimo diputado nuevo en jurar. Presidía la cámara don Bernardo Leighton. "Para qué trajeron a ese indio piojento", escuchó gritar a otro diputado al ser mencionado su nombre. Se trataba del médico Gustavo Monckeberg, representante de la derecha patronal y terrateniente.

La respuesta de Huenumán fue de antología. "En dos o tres segundos me paro y le digo a todo pulmón: «¡Cállate gringo chucha de tu madre!»". Aquella fue su respuesta y sacó aplausos en el hemiciclo. "Sobre todo de los Palestro, la Carmen Lazo y la Mireya Baltra, que se reían y avivaban la cueca", relataba siempre entre risas.

Pocos meses duró sin embargo su experiencia parlamentaria.

A los pocos meses fue el golpe militar y Huenumán sería perseguido ferozmente. Lo salvó un fatal error de los propios militares que lo buscaban por la región: asesinaron a otro mapuche de apellido Huenumán en Boroa y por error lo dieron por muerto. Apareció hasta en los diarios: muerto el revolucionario Huenumán, decía.

Como ya estaba "muerto" se quedó en Chile hasta 1977, año en que viajó a Italia en búsqueda de refugio. El Partido Comunista solo se enteró que estaba vivo cuando, telefónicamente, se comunicó con Volodia Teitelboim desde el aeropuerto de Roma. Pasó largos años en Europa. Allá cursó estudios de agronomía y fue un activo portavoz mapuche en los foros internacionales.

Recorrió medio mundo, hasta la lejana Mongolia.

En 1990, tras el retorno de la democracia, regresó a Chile y al país mapuche, retomando al poco tiempo su amada labor dirigencial.

En las últimas décadas vivió entre Nueva Imperial y Cholchol, participando de la Asociación Indígena Newentuleaiñ y del Centro de Medicina Mapuche Ñi Lawentuwün, hospital intercultural que también es parte de su inmenso legado.

Peñi Rosendo, que sea una buena cabalgata a la tierra de sus ancestros. Honor y gloria para usted.

Justicia con guante blanco
Austral de Temuco, 29/noviembre/2020

La clave fue la patente de una moto. Su seguimiento a través de cámaras de seguridad permitió a la Brigada de Investigaciones Policiales Especiales (BIPE) de la PDI armar el puzle y detener, la madrugada del pasado jueves, a los autores de la amenaza contra la fiscal jefa de los delitos de alta complejidad de la Fiscalía Centro Norte, Ximena Chong.

Los detenidos, seis hombres y dos mujeres, el 6 de octubre pasado acudieron en diferentes vehículos hasta su domicilio en la comuna de Providencia. Allí, mientras unos prestaban seguridad en los alrededores, dos de ellos se acercaron caminando y entregaron a su hijo una carta con amenazas de muerte producto de su labor en el caso del puente Pío Nono.

"Los corruptos como usted no tienen cabida en nuestra nación y tomaremos las medidas que consideremos necesarias, sean cuales sean. Si usted considera que esta carta constituye una amenaza seria hacia su integridad sicológica y física, está en lo correcto", decía la carta. Estaba acompañada, además, de una fotografía del rostro de la fiscal pegada sobre el cuerpo de un cerdo.

Según la investigación de la PDI, el centro de operaciones del grupo estaba en una oficina en el piso 22 de un edificio ubicado en avenida Apoquindo N° 6550. Resulta que todos los involucrados eran profesionales del barrio alto, de entre 20 y 50 años, y miembros del grupo de extrema derecha denominado La Vanguardia. No sería la única sorpresa para la PDI.

En los allanamientos a sus domicilios se logró incautar armamento de guerra —una subametralladora UZI "en condiciones de ser operada"—, municiones de alto calibre, pistolas, cascos, chalecos antibalas, equipos de comunicaciones, escudos y afiches con escritos contra el fiscal nacional y el pueblo mapuche.

Hablamos de una verdadera célula terrorista o, cuando menos, de "un grupo organizado que tenía gran equipamiento", como subrayó el director de la PDI, Héctor Espinosa. "Esto no es un hecho aislado ni circunstancial;

aquí hay una planificación en un inmueble y estamos investigando si está relacionado con otras amenazas a las autoridades", agregó.

Pero lo realmente sorprendente no es la gravedad del delito investigado, bastante inusual en Chile, o lo peligroso del hallazgo realizado por la BIPE. Ha sido más bien el guante blanco con que la justicia ha tratado el caso. La primera sorpresa la dio la jueza del Séptimo Juzgado de Garantía de Santiago en la propia audiencia de formalización de cargos.

De entrada desestimó la prisión preventiva para siete de los ocho imputados. Solo uno de ellos, a quien se incautó la subametralladora y las municiones, quedó tras las rejas, mientras que el resto solo con firma mensual y prohibición de acercarse a la víctima. Según la magistrada, la prisión resultaba una medida "desproporcionada" para el delito de amenaza.

Los abogados de la defensa por supuesto concordaron.

En sus alegatos justificaron los hechos señalando que debía entenderse en el "contexto social" del plebiscito, dado el apoyo de los ocho imputados a la opción Rechazo y la animadversión que sentían por la fiscal. Si bien el "método y el tono" utilizados contra ella "no fue de la mejor manera", el contexto sería la "efervescencia política" del momento, argumentó uno.

Pero el defensor público fue todavía más lejos. Aseguró que con la entrega de la carta no existía una amenaza ya que la misiva solo "hace comentarios políticos... Hay que reconocer que es una carta sumamente ofensiva a una mujer y una fiscal... [pero] no por decir amenaza la carta constituye una amenaza". Cerró calificando todo como un simple "hecho estúpido".

Sorprendente lo sucedido en este caso. Más considerando la distinta vara con que un hecho de similares características es medido cuando los inculpados pertenecen, por ejemplo, al pueblo mapuche. Hagamos al respecto un poco de memoria.

En septiembre del año 2003, los lonkos de Traiguén Pascual Pichún y Aniceto Norín fueron condenados a cinco años de cárcel por "amenaza de carácter terrorista" contra el abogado y dueño del fundo Nancahue, Juan Agustín Figueroa. La prueba principal de los querellantes fue también una carta con la que los lonkos hacían saber a Figueroa de su reclamo territorial.

En ese entonces no hubo "contexto" ni "efervescencia política del momento" que los pudiera librar de compartir una celda. Ambos jefes tradicionales mapuche cumplieron sus condenas en la cárcel pública de Traiguén, siendo liberados recién el año 2007.

También en septiembre, pero del presente, año un grupo de comunidades entregó una carta al gobierno, anunciando posibles ocupaciones de tierras en Victoria. De nada valió el "contexto político" que caracteriza el conflicto en la región: la respuesta de La Moneda fue invocar *ipso facto* la Ley de Seguridad Interior del Estado, la misma que ha brillado por su ausencia en el caso de la fiscal Chong.

Cierro esta columna con un último dato. En mayo de 2014 la Corte Interamericana de Derechos Humanos, con sede en Washington, condenó al Estado de Chile por la aplicación discriminatoria de la Ley Antiterrorista contra los lonkos Pascual Pichún, Aniceto Norín y otros seis líderes mapuche de las provincias de Arauco y Malleco.

"Se impusieron penas que supusieron restricciones indebidas y desproporcionadas, utilizando en su fundamentación razonamientos que denotan estereotipos y prejuicios", dictaminó la institución, anulando de paso todas las sentencias y ordenando al Estado medidas de reparación.

Si usted cree que la Corte Interamericana exageró en su fallo, vuelva al inicio y lea de nuevo esta columna.

Escaños y reparación histórica
Austral de Temuco, 20/diciembre/2020

Tras largos y tortuosos meses de debate, se aprobó finalmente en la Comisión Mixta del Congreso Nacional la participación de representantes indígenas en la futura Convención Constituyente. Según lo acordado la madrugada del viernes entre oficialismo y oposición, se contará con 17 escaños reservados para las primeras naciones, intranumerarios, es decir, dentro de los 155 constituyentes que redactarán la nueva Carta Fundamental.

Según se desprende del acuerdo, el pueblo Mapuche tendrá siete escaños reservados, el pueblo Aimara tendrá dos y los restantes ocho, Rapanui, Quechua, Diaguita, Atacameño, Colla, Kawesqar, Yagán y Chango, tendrán un escaño cada uno. En total, equivalen al 11 por ciento de los constituyentes, cifra no tan lejana del 12,8 por ciento que proponían las organizaciones indígenas y también la oposición.

Los mapuche, que corresponden al 80 por ciento de la población indígena del país, seremos los más subrepresentados, ello para permitir la inclusión de los otros pueblos. De trece escaños posibles, proporcionales a nuestro peso demográfico, se acordaron solo siete, apenas el 40 por ciento del total. Es una generosidad política digna de destacar en nuestros días. Se sustenta en el valor cultural del kelluwün, el apoyo mutuo, la sabia reciprocidad de los ancestros.

También se acordó un escaño para el pueblo afrodescendiente —reconocido en Chile desde 2019 por la Ley 21.151—, que deberá ser votado en la Cámara y el Senado de manera separada. Fue una polémica exigencia del gobierno y Chile Vamos, un "nudo" que en las negociaciones finales resultó imposible desatar. Puestas así las cosas, los afrodescendientes necesitarán 26 votos en el Senado y el panorama, lamentablemente, no se vislumbra auspicioso.

Lo sucedido con ellos bien pudo pasar con el resto de los pueblos originarios. Lo sabemos quienes seguimos la discusión en sus diferentes etapas en el Congreso. No fue fácil llegar al acuerdo del viernes. El racismo, la calculadora política y la pequeñez de algunos diputados y senadores estuvieron a punto de hacer fracasar las negociaciones en varias ocasiones. Hasta el más optimista vio naufragar la iniciativa en más de una oportunidad. Me incluyo.

Lo peor de los prejuicios y del racismo heredado de una educación chilena monocultural, blanca y europeizante afloró en varios momentos de los debates. Curioso constatar que la mayoría de las veces salió de boca de políticos con apellidos europeos y descendientes de inmigrantes. Los recién llegados jugando con el destino de los originales habitantes de estas tierras, una cosa en verdad de locos. Colonialismo es su nombre técnico.

"Aquí somos todos chilenos"; "¡Esto atenta contra la igualdad ante la ley!"; "¿Y por qué no también escaños para los pelados y los cojos?", fueron algunos de los lamentables comentarios que varios tuvimos que escuchar. Uno esperaría que los legisladores, como mínimo, conocieran de leyes. Y también de los tratados internacionales en materia indígena. Siendo honestos, varios no tenían la menor idea. Ignorancia y estupidez supina, diría mi abuelo Alberto.

Pero, pese a todo, se pudo: habrá constituyentes indígenas.

Es un primer paso hacia la necesaria reparación histórica. Obviamente no es el único camino a transitar por nuestros pueblos. Hay otros, igual de legítimos y necesarios, pero es indudable que participar del proceso constituyente resulta clave. La nueva Constitución tendrá efectos directos en nuestra relación con el Estado y en nuestra convivencia con la sociedad chilena por, al menos, los próximos cuarenta años. No es poca cosa.

¿Quién es indígena en Chile?
Austral de Temuco, 27/diciembre/2020

Uno de los debates que marcaron el año 2020 fue aquel relativo a la cifra de población indígena en Chile. Se dio a propósito de la reforma por los escaños reservados y la autoidentificación indígena como derecho de los potenciales votantes. Si bien esto último no prosperó —estableciéndose la inscripción en un padrón especial indígena certificado por la Conadi—, el debate quedó instalado.

¿Quiénes son indígenas en Chile? ¿Las personas con apellido indígena? ¿Quiénes viven en alguna comunidad y pueden demostrar ascendencia indígena? ¿Y qué sucede con aquellos que han perdido los apellidos y viven en zonas urbanas? Son preguntas que todavía siguen rondando en el ambiente.

Lo cierto es que la legislación internacional es clara en reconocer el derecho a la autoidentificación indígena. Es decir, el derecho a la libre adscripción de las personas a un determinado pueblo originario y su cultura. Tanto el Convenio 169 de la OIT como las Declaraciones de Derechos de Pueblos Originarios de la ONU y la OEA, ambas firmadas por el Estado chileno, así lo consagran.

Es un derecho profundamente ligado a la emergencia indígena continental que estalla en la década de los noventa. La mecha que encendió en aquel entonces la pradera fue la "celebración" del Quinto Centenario del "Descubrimiento de América" y el malestar indígena que ello produjo a escala continental.

De aquella época datan, por ejemplo, las primeras organizaciones mapuche que tras romper con los partidos políticos buscaron fortalecer una identidad propia. Sucedió con el Consejo de Todas las Tierras, liderado entonces por un veinteañero Aucán Huilcamán, y también con organizaciones de corte radical como la Coordinadora Arauco-Malleco en la misma década: de fallidas experiencias revolucionarias a la búsqueda de una utopía mapuche.

Este reforzamiento de la identidad indígena, posible de observar en el activismo más político, también se dio a nivel de la ciudadanía. En pocos años desaparecieron de las comunidades rurales los Pedritos y las Marías y aparecieron los Nahuel y las Ayelén, por montones.

Mismo fenómeno se dio en las zonas urbanas.

Numerosos estudios hoy dan cuenta del incremento de las cifras de personas que se autoidentifican como mapuche o como miembro de algún pueblo indígena. Lo prueban los sucesivos censos: de 900 mil indígenas el año 1992 a más de dos millones de personas el año 2017. No hablamos de una cifra menor: es nada menos que el 12,8 por ciento de la población total de Chile.

Un reciente reportaje de la periodista mapuche Paula Huenchumil, publicado en el medio electrónico *Interferencia*, resulta revelador al respecto. Allí recoge emotivos testimonios que de seguro interpretarán a más de alguien:

"Mi mamá desde chica en el colegio sufrió de bullying de parte de los compañeros y profesores; le decían 'india', la molestaban por el apellido, esto hizo que hasta ahora no acepte sus raíces. Siento que ella de alguna forma fue permeada por esta crítica constante del chileno, del gobierno y de las noticias hacia el mapuche, que son flojos, terroristas, problemáticos, pese a que mi familia perdió sus tierras. Mis abuelos llegaron sin nada a Santiago", relata Daniela Painemal (27 años), fonoaudióloga de Maipú.

Daniela Painemal hoy se autoidentifica como mapuche pero es algo reciente en ella, pues señala que es un proceso que comenzó hace dos años, "no de un día para otro". Este año realizó su primer curso de mapudungun para comenzar a "recuperar" lo que ha perdido.

En el mismo reportaje la periodista Stefanie Pacheco Pailahual relata que no se declaraba mapuche porque lo consideraba "inapropiado" debido a que no pertenecía a un lof, ni manejaba la lengua. Trabajó en un periódico mapuche y continuó desarrollando su identidad "sutilmente", según describe. Vinculó su tesis y sus investigaciones de posgrado a la historia mapuche. Cuando de a poco comenzó a sentir un reconocimiento de su pueblo hacia ella: "Eso me hizo sentir empoderada para decir 'soy mapuche'", señala.

Hablamos de una primavera que ya no se detendrá.

De guerreros a delincuentes
Austral de Temuco, 17/enero/2021

"¿Qué debe hacer el Estado en Temucuicui?", me preguntó hace unos días la periodista Paula Comandari en Tele13 Radio. Lo acontecido en Ercilla con la PDI había generado profundo impacto y viejas preguntas parecían recuperar su sentido de urgencia. "Debe sacarles las manos de encima, dejar de intervenir y hostigar ese territorio", fue mi respuesta. Así lo creo y así lo enseña la abundante experiencia comparada en la materia.

"La solución pasa por reconocimiento de derechos y traspaso gradual de competencias de gobierno a las jefaturas mapuche, tal como sucede en otras partes del mundo", argumenté. "Pero estamos hablando de delitos y de órdenes judiciales que se deben cumplir", rebatió ella. "En Estados Unidos y Canadá la investigación de los delitos que se cometen en las reservaciones recae en la policía tribal y en sus propios tribunales", agregué.

"Ok, pero Chile no es Estados Unidos y aquello no existe en nuestro país", fue su respuesta. Exacto. Paula tiene razón: Chile no es Estados Unidos y mucho menos Canadá. Tampoco Panamá, Nicaragua o Colombia, por citar ejemplos más locales. En Chile no existe reconocimiento a la libre determinación indígena, mucho menos autogobierno y he allí la madre del cordero. Permítanme explicarlo.

Hasta antes de la invasión militar chilena —la mal llamada "Pacificación de La Araucanía"— la relación mapuche con la joven República se basó en la diplomacia de los parlamentos. Es decir, en aquellas juntas institucionalizadas por más de dos siglos y que tanto O'Higgins como Ramón Freire supieron más tarde replicar. Aquello no fue casual: sus progenitores habían sido los arquitectos de los últimos y más importantes tratados hispano-mapuche.

El Parlamento de Tapihue (1825) fue el último. Allí se garantizó nuestra autonomía territorial, el reconocimiento de la frontera, la jefatura de los lonkos y se pactó una "unión" que debía perdurar en el tiempo. Llegó a ser ratificado en la sexagésima sexta sesión del Congreso Nacional, el 21 de marzo de 1825. Tapihue incluía, por cierto, protocolos para la persecución penal y la aplicación de justicia.

Un bullado caso de 1849 puso a prueba esto último.

Se trató del naufragio del bergantín Joven Daniel en la costa de la actual Araucanía. Las noticias en la capital eran alarmantes: había sido saqueado y todos los sobrevivientes, asesinados por los mapuche en una "orgía de sangre y aguardiente". Así al menos lo informó la prensa. No faltó quien propuso avanzar con tropas al sur del Biobío y vengar los crímenes a balazos. Benjamín Vicuña Mackenna, uno de ellos.

Por suerte la investigación recayó en el general José María de la Cruz, prestigioso militar de Concepción y viejo conocedor de la dinámica fronteriza.

Lo primero que hizo fue citar a una junta. Acudieron numerosos lonkos interesados en aclarar lo sucedido y que luego mediaron en la entrega de los sospechosos. Pronto se demostró la falsedad de la denuncia y todos fueron liberados. "No se intentó la ocupación de la tribu acusada porque desvanecidos los cargos de asesinato no había razón para llevar a esa parte del territorio indio la desolación y el exterminio", concluyó De la Cruz en su reporte.

Hasta antes de Cornelio Saavedra y sus tropas barriendo a sangre y fuego las comarcas mapuche, la relación entre el Estado y Wallmapu era "de nación a nación". De allí los recurrentes viajes de lonkos a Santiago y el trato de "jefes de Estado" con que eran recibidos, al menos hasta mediados del siglo XIX. Ello para nada significó levantar un muro en el Biobío. Existía un rico comercio y una boyante vida fronteriza que a todos beneficiaba.

¿Por qué entonces se nos hizo la guerra? La codicia por nuestras fértiles tierras fue la razón principal. Codicia empujada por los hacendados y los industriales del trigo, el propio Saavedra fue uno de ellos. También la codicia por nuestra masa ganadera. Esta se extendía hasta las costas del Atlántico cruzando las pampas trasandinas. En ambos robos, tanto Chile como Argentina hallaron su pasaporte al siglo XX.

Derrotados y arrinconados en "reducciones", la jefatura de los grandes lonkos y ülmen (caciques) fue lo primero que desarticuló el Estado. También la diplomacia como forma de resolución de controversias. Fue cuando pasamos, a ojos de los chilenos, de interlocutores políticos a indios pobres, de guerreros a delincuentes. En palabras técnicas, del derecho de gentes al derecho penal. Así nos tratan y maltratan desde entonces.

Lo de Ercilla es prueba palpable y dolorosa de esta situación colonial. ¿Qué debe hacer el Estado en Temucuicui? Lo repito, sacarles las manos de encima. Ello pasa por reconocer la jefatura de sus lonkos, traspasar competencias de gobierno, dejar en manos de la propia justicia mapuche los delitos que allí se denuncian. De ello trata, sin ir más lejos, la demanda por autonomía: de poder hacernos cargo de nuestros propios asuntos.

La voz libre
Austral de Temuco, 31/enero/2021

Quisiera en esta columna referirme al rol del periodismo en el conflicto sureño, hoy tal vez más importante que nunca. Y para ello quiero recordar la figura de Francisco de Paula Frías, quien a fines del siglo XIX pagó con su vida su compromiso ético con este oficio.

Su historia la cuenta el periodista Juan Jorge Faundes en la novela histórica *Vientos de silencio* (1999). Basada en archivos y documentos de la época, Faundes reconstruye la epopeya de a quien no duda en calificar como "el primer mártir del periodismo en La Araucanía".

De Paula era todo un personaje. Profesor, escribano y secretario de juzgados, llegó a vivir a Temuco en tiempos en que las tierras mapuche se disputaban a balazo limpio. Llegó acompañado de su esposa, Elvira, sus seis hijos y dos jóvenes alemanes quienes se sumaron a la aventura de radicarse en la llamada "Perla del Cautín".

Para él los mapuche no eran unos desconocidos.

Trabajando en los juzgados de Toltén y Lebu, tuvo contacto directo con ellos y sus variadas desgracias. Repetidas veces fue testigo de cómo los winkas usurpaban tierras a las reducciones; cuando no, sus lonkos eran asesinados en total impunidad. Y no solo por parte de winkas poderosos; también los winkas pobres cometían graves tropelías motivados por el racismo y la codicia, observaba con tristeza.

De Paula sabía además de política. Miembro activo del Partido Radical, era consciente de los poderosos intereses económicos y políticos tras la invasión militar del país mapuche. Y, si bien comparte con otros que la colonización era parte de la solución al "problema indígena", los abusos que se cometen le repugnan.

Una vez radicado en el sur rápidamente se ganó la confianza de dos importantes lonkos, Coñoñir y Calfupán. Ambos le pidieron ayuda para recuperar una propiedad conocida como fundo Pancul en las cercanías de Carahue. Se trataba de una fértil tierra bañada por el río Imperial. Pancul había sido usurpada a los mapuche por Máximo de la Maza, gobernador de Imperial, en complicidad con rufianes locales que allí pastaban los animales de su patrón.

De Paula, en su calidad de apoderado de los lonkos, interpuso de inmediato una demanda ante el juzgado de Nueva Imperial para que se pudiera restaurar el derecho de propiedad violado a los jefes mapuche. La demanda dio comienzo a un juicio que peleará por años en tribunales.

Pero aquel sería apenas el segundo de sus pecados. El primero fue fundar en Temuco, a mediados de 1888, el periódico La Voz Libre.

En sus páginas no dejaría títere con cabeza. Autoridades de gobierno, militares, hacendados, tintorillos, curas y magistrados, todos tarde o temprano desfilarán por las páginas del semanario. Bastó con que circulara el primer número para que intentaran callarlos.

"Por más que se pretenda ahogar nuestra Voz Libre por los usufructuarios de la injusticia y de las exacciones, ella resonará ante el público sensato, independiente y justiciero, denunciando abusos hasta extirpar de raíz los males que agobian esta provincia en mantillas", respondió De Paula a sus detractores.

Hasta veinte días llegó a estar encarcelado tras ganarse el odio del juez letrado de Temuco, a quien acusó de "no respetar ni la ley ni la moral pública". Sucedió en abril de 1889 y para ser liberado debió intervenir la propia Corte de Apelaciones de Concepción.

Pero su atrevimiento tendría para él trágicas consecuencias. Tras ganar el juicio por las tierras de Pancul se desató la desgracia.

La sentencia obviamente indignó a Máximo de la Maza, quien no dudó en planear su asesinato. Este acontecimiento ocurrió la noche del 7 de octubre de 1889 en las mismas tierras de Pancul. Allí serían emboscados a balazos por matones a las órdenes del usurpador. De Paula, tras entregarse a sus atacantes, recibiría a traición un tiro en la nuca. Dos de sus acompañantes corrieron la misma suerte.

Sus cuerpos, arrojados al río Imperial, serían recuperados recién dos semanas más tarde.

Partícipe directo del ataque sería el gobernador suplente, Manuel Rioseco, hombre de confianza de De la Maza. El crimen, el primero cometido en la región contra un periodista, impactó a nivel nacional. De lleno se involucró en el caso la directiva nacional del Partido Radical, comisionando a uno de los suyos para averiguar lo ocurrido y querellarse contra los homicidas.

Pronto intervino también La Moneda: ordenó la renuncia de Rioseco —quien más tarde fue encarcelado junto a otros catorce sospechosos— y destituyó a Máximo de la Maza.

Se cuenta que entre los habitantes de Nueva Imperial y las reducciones mapuche vecinas cundió la indignación. Si hubieran podido, asaltan el edificio de la Gobernación y allí mismo linchan a Rioseco y sus cómplices. Temiendo disturbios, varios regimientos de la región reforzaron incluso la guardia.

La despedida del periodista reunió a miles de personas. Temuco, escribe un cronista de la época, se vació por completo para acompañar su funeral en el cementerio. Allí, a los pies del cerro Ñielol, los restos del valiente editor del periódico La Voz Libre descansan hasta nuestros días.

Repartir poder
Austral de Temuco, 14/febrero/2021

Esta semana se dio inicio de manera oficial a las campañas electorales de cara a la próxima Convención Constitucional. No es poco lo que se juegan los pueblos originarios, y también la sociedad chilena, en esta histórica instancia. Quisiera compartir con ustedes algunas de las ideas que pretendo defender allí y referidas a la estructura del Estado. Son ideas que lejos están de ser de mi autoría; tratan más bien de reflexiones colectivas de las cuales me siento tributario.

El movimiento mapuche muy temprano hizo un diagnóstico respecto de las causas del conflicto que nos aqueja en la región. Y entre ellas estaban tres herencias de la dictadura cívico-militar: el modelo económico extractivista que afecta a las comunidades; el modelo de Estado centralista y unitario que no reconoce pueblos originarios, y finalmente la propia Constitución de 1980, el paraguas jurídico-institucional que les da soporte.

De allí que avanzar hacia una nueva Constitución, enviando a esta última a la papelera de reciclaje de la historia, sea una tarea ineludible.

La Constitución, para quienes no lo saben, trata básicamente de dos libros: uno aborda los derechos y el otro aborda el tema del poder, de cómo se distribuye o reparte el poder. Muchos candidatos se han quedado en el primer libro, centrando sus campañas en derechos sociales como vivienda, salud, seguridad social, educación, etcétera. Pero el libro de la distribución del poder es tanto o más relevante, al punto de que determina si los derechos sociales se van a garantizar o no.

Los mapuche vemos el poder como algo descentralizado; el poder se reparte, no se concentra. Múltiples jefaturas por territorios, por clanes y linajes familiares nos caracterizan como sociedad. Ello nos obliga a una constante deliberación interna. Es un tipo de democracia directa que maravilló a los cronistas en la Colonia. Esto me hace no comulgar con una estructura estatal centralista y menos aún con el presidencialismo exacerbado. Sueño más bien con un Estado federal y una democracia parlamentaria.

Pocos recuerdan que uno de los primeros proyectos de Estado en Chile fue federal, derrotado en una cruenta guerra civil. Fue cuando la élite santiaguina se impuso a Coquimbo y Concepción, sellando de paso nuestro destino. José Miguel Infante, miembro de la Junta de Gobierno de 1813, diputado del primer Congreso Nacional y ministro de Hacienda de O'Higgins, llegó a defender la idea federal basándose en el "buen gobierno de los araucanos... los primeros federalistas de Chile". Así nos llamaba.

En décadas posteriores, tanto Mañilwenu en Chile como Calfucura en Argentina establecieron alianzas con sectores políticos federalistas. Ambos toquis vieron allí la posibilidad de una mejor convivencia entre ambas sociedades. Y también de resguardo para nuestra amenazada autonomía territorial. Ello los llevó a involucrarse en cuanto entrevero político afectó a las jóvenes repúblicas. Lo hizo Mañilwenu en las guerras civiles de 1851 y 1859, y Calfucura en las recurrentes disputas porteñas.

Pero la sola idea federal por cierto que no basta.

Hoy tenemos una Constitución que no reconoce, bajo ningún aspecto, a los pueblos originarios. En el principal pacto social entre los ciudadanos con el Estado, nosotros no existimos. Existimos en leyes menores como la Ley Indígena que tiene características de una ley cultural de bajo rango. Eso debe cambiar, debemos avanzar hacia el reconocimiento explícito de las naciones indígenas en el nuevo texto constitucional. Debemos avanzar hacia un Estado Plurinacional.

En América Latina, Europa, incluso en España, la "Madre Patria" de muchos chilenos, la plurinacionalidad es reconocida, ya sea de hecho o a nivel constitucional. Esto lleva aparejado el ejercicio de derechos políticos, culturales, económicos y sociales para diversas minorías nacionales, entre ellos los vascos y catalanes. Los pueblos originarios podríamos oficializar el uso y la enseñanza de nuestras lenguas, ser beneficiarios del traspaso de competencias de gobierno, administrar nuestros propios recursos, etcétera.

En verdad no es nada novedoso: existe hace medio siglo en el llamado "primer mundo" con el cual la élite chilena gusta compararse. Hacia allá debemos avanzar. Una Constitución plurinacional no resolverá en lo inmediato la conflictividad rural, pero allanará el camino para que este tipo de discusiones sean posibles y mucho más llevaderas en las próximas dos o tres décadas. La Constitución de 1980, en cambio, es para ello una verdadera camisa de fuerza.

Estado de sitio en Wallmapu
Austral de Temuco, 28/febrero/2021

La idea de aplicar el estado de sitio en el país mapuche marcó nuestra semana. Lo exigieron a La Moneda, "pantalonazo" incluido, diversos gremios que añoran en la intervención del Ejército una especie de segunda "Pacificación de La Araucanía". La idea, por absurda que sea, copó los medios y nuevamente puso el conflicto en el tope de la agenda del gobierno. Al menos por un rato, como sabemos suele suceder.

Lo del estado de sitio es una idea apoyada por Evópoli, en teoría el partido más de centro y liberal de la derecha chilena. Su mandamás, Andrés Molina, ex intendente regional, llegó a advertir del peligro inminente de una "guerra civil". Curiosos debieron resultar sus dichos para los miles de turistas que de mar a cordillera estaban recorriendo la región. No eran pocos. Sucede que la habitual afluencia de visitantes no se ha perdido, pese a la pandemia y la posible guerra civil.

Lo de Molina fue un exabrupto peligroso.

De un político profesional, autoridad electa y timonel de un partido de gobierno uno esperaría más bien responsabilidad, mesura, templanza. Nada de ello tuvimos de su parte. Habló desde la rabia y la desesperación de su grupo familiar. Su cuñada es la dueña de la casa patronal incendiada en Lautaro a comienzos de semana. Y su suegro, el empresario Mario García, el posible blanco político de dicho ataque.

Pero gobernar un país, diputado Andrés Molina, no debería tratar de asuntos familiares, menos en el Chile de hoy. Por lo demás lo suyo, se lo digo respetuosamente en esta tribuna, es un grosero conflicto de interés, uno que debieran transparentar todos los políticos —tanto de oficialismo como de oposición— que pretendan muy sueltos de cuerpo dictar cátedra sobre el conflicto y sus posibles soluciones. ¿Cuántos de ellos tienen intereses creados en el conflicto? ¿Cuántos son propietarios de tierras reclamadas por comunidades mapuche o accionistas de empresas madereras, inmobiliarias o de energía que hoy lucran con el despojo a las grandes jefaturas mapuche de antaño? Me temo que la lista es larga.

Por suerte hay personas mucho más sensatas que Andrés Molina y los dirigentes gremiales de La Araucanía. Uno de ellos es el general (r) Eduardo Aldunate Herman, boina negra y ex director de la Escuela de Paracaidistas y Fuerzas Especiales del Ejército, además de ex vicecomandante de la Fuerza Multilateral de Naciones Unidas en Haití. Hablamos de un militar con pergaminos.

En sus regulares *Cartas al Director* de El Mercurio, Aldunate ha venido advirtiendo de lo errado de utilizar militares en labores que no les son propias. "Las fuerzas militares se orientan a otro objetivo: se instruyen para el combate y para su misión emplean artillería de guerra y otros elementos ajenos a situaciones de control de orden público. Pensar que los militares actúen como policías no tiene más destino que trágicos escenarios", señaló.

La solución al problema, ha subrayado el militar en todos los tonos, debe ser política y negociada con el pueblo mapuche, a la usanza de los antiguos parlamentos coloniales. "Se requiere poner paños fríos y asumir que este es un tema histórico que debe ser solucionado con instrumentos políticos y no con calibre 5.56 (...) lo importante es no repetir errores que dañarán por largo tiempo nuestra convivencia y democracia", concluyó.

Esta semana se sumó a su posición el oficial naval en retiro Richard Kouyoumdjian Inglis, también analista militar y directivo de la Liga Marítima de Chile.

"Una solución militar requiere voluntad política y validación de la opinión pública, y no veo que una o la otra existan al día de hoy", señaló lúcidamente, subrayando que "a nivel mundial ya no se practica el uso de la fuerza militar para pacificaciones o resolver conflictos sociales. Quizás es hora de hacer un esfuerzo y entender de qué se trata el problema y así comprender cómo se soluciona", agregó.

El conflicto, créanme, tiene solución: es política y surgirá de un diálogo de alto nivel entre el Estado chileno y las distintas jefaturas mapuche, incluidas aquellas que defienden la violencia política o el weichán como estrategia de lucha. Un diálogo sin exclusiones ni vetos odiosos es el único camino capaz de conducirnos a una paz duradera y con justicia en Wallmapu. Y esa tarea es política, no militar.

Mi respuesta a Pablo Ortúzar
La Tercera, 6/febrero/2021

En una larga columna publicada el pasado martes en La Tercera PM, el antropólogo del IES Pablo Ortúzar volvió a la carga con uno de sus temas favoritos desde el estallido social: el fenómeno de la violencia asociada a la protesta social en Chile. Esta vez sus dardos apuntaron al conflicto en las regiones del sur y al llamado "terrorismo mapuche". Así lo bautizó. Terrorismo etnonacionalista mapuche, para ser más exacto.

Ya en días previos otra columna suya publicada en La Tercera, titulada precisamente "terrorismo mapuche", había levantado feroz polvareda en las redes sociales. Al paso le salió el ex embajador de Chile en Guatemala Domingo Namuncura, político y destacado académico mapuche, quien no dudó en calificar su análisis de confuso y destemplado. Mucho más duros fueron sus detractores en Twitter. Racista y discriminador, de lo más suave que pude leer en su contra.

Yo no acusaré a Ortúzar de racista, me consta que no lo es. Diré más bien que lo suyo es ignorancia sobre las dinámicas del conflicto que enfrenta al pueblo mapuche con el Estado chileno. Para nada minimizo sus dichos, me siguen pareciendo graves. Es asertividad en el análisis y no verborrea gratuita lo esperable de un intelectual público. Ortúzar, en esta ocasión, adolece de lo primero y es extremadamente generoso con lo segundo.

Su análisis parte de un error conceptual de proporciones.

Ortúzar llama "terrorismo mapuche" al variado repertorio de delitos contra la propiedad y el orden público que acontecen en la zona sur. Hablamos de delitos comunes propios de la radicalización de un conflicto que gobiernos de diverso signo han librado a su suerte. Entre estos figuran quema de camiones, ocupaciones de predios, enfrentamientos con la fuerza pública, asaltos y homicidios entre otros, varios de dudosa autoría.

Pues bien, ningún tribunal, desde 1997 a la fecha —año de la primera quema de camiones en Lumaco— ha concordado con la tipificación de Ortúzar, ni siquiera en el caso Luchsinger-Mackay. Existiendo decenas, tal vez cientos de querellas por terrorismo, las condenas equivalen a cero. Y en las pocas causas en las que la acusación sí prosperó —casos Ralco, Lonkos y Poluco Pidenco— la Corte Interamericana de Derechos Humanos se encargó más tarde de anular las sentencias. ¿Por qué se insiste entonces en hablar de terrorismo?

En todo conflicto una de las primeras víctimas es la verdad. La sigue, muy de cerca, el sentido común. De ello no escapa la compleja situación que vivimos en Wallmapu hace décadas. La quema por parte de encapuchados de un bus del Transantiago en la Alameda, por ejemplo, no es considerado terrorismo, es incendio, delito tipificado en el Código Penal. Pero el mismo bus incendiado en la Ruta 5 Sur, a la altura de Ercilla, adquiere automáticamente connotación terrorista. ¿Por qué sucede esto?

Lo que existe —a nivel de persecución penal— es la aplicación arbitraria y discriminatoria de la Ley Antiterrorista contra ciudadanos mapuche. Ello ha implicado abuso policial, uso en juicio de "testigos sin rostro", largas prisiones preventivas equivalentes a condenas anticipadas y un carnaval de vulneraciones al debido proceso. No lo digo yo, aclaro. Fue la conclusión de los jueces de la Corte Interamericana en los emblemáticos casos judiciales arriba mencionados. Dicho en simple, racismo penal.

El terrorismo, para quienes no lo saben, es un método de combate. Se caracteriza por ser clandestino, indiscriminado y por ser población civil su blanco predilecto. De allí que bombas, secuestros y crímenes a gran escala sean su habitual y macabra carta de presentación. Persigue, enseña la doctrina, forzar decisiones políticas vía el amedrentamiento colectivo. Pues bien, ninguno de estos presupuestos —propios de conflictos en Medio Oriente y otras latitudes— se da en Wallmapu.

Tampoco lo digo yo. Fue la conclusión a la que arribó el propio relator especial de la ONU sobre Derechos Humanos y Contraterrorismo, Ben Emmerson. Tras visitar Chile en 2013 y entrevistarse con autoridades de gobierno, comunidades y víctimas de la violencia rural, su diagnóstico fue tajante: "Chile actualmente no enfrenta una amenaza terrorista en su territorio", estimó en su informe, recomendando al Estado adoptar una estrategia de diálogo político para evitar una escalada en los "disturbios".

No solo eso. En sintonía con el posterior fallo de la Corte Interamericana, también llamó al gobierno chileno a abstenerse de aplicar la Ley Antiterrorista en las regiones del sur por cuanto "se ha aplicado de modo confuso y arbitrario, lo que ha resultado en verdadera injusticia, ha menoscabado el derecho a un juicio justo y ha sido factor de estigmatización y de deslegitimación de los reclamos territoriales y la protesta social mapuche".

¿Y el temor de los dueños de fundo a ser víctimas de ataques? ¿No es acaso el temor una de las características del terrorismo? Por supuesto, pero el temor por sí solo no basta. Yo siento el fundado temor de ser víctima de una "encerrona" cada vez que conduzco mi vehículo por las calles de Santiago. Ello no vuelve a la encerrona —o al cada vez más habitual y violento "portonazo" capitalino— un delito de carácter terrorista.

Pero Ortúzar va todavía más lejos en su columna. También acusa a quienes niegan la existencia del "terrorismo mapuche" de inmorales y de ser ideológicamente de izquierda. Ni los columnistas de Libertad y Desarrollo se atrevieron a tanto en su minuto, hay que decirlo.

En lo personal, Ortúzar me acusa de "traficar ambigüedades" y manipular a la opinión pública con mis apreciaciones. Ni lo uno ni lo otro: ni traficante ni manipulador de masas, aclaro. Mi posición está meridianamente clara en nueve libros sobre el tema publicados a la fecha, todos disponibles en librerías comerciales, bibliotecas públicas, plataformas como Amazon e incluso en la humilde cuneta callejera. También en mis recurrentes apariciones en los medios de comunicación. Es cosa de saber googlear.

"¿Cuál es el nombre correcto de lo que tenemos, en este caso, al frente?", se pregunta Ortúzar en su columna.

Simple, Pablo. Lo que tenemos al frente es un conflicto político, histórico y cultural no resuelto, y ante el cual la política se ha retirado de manera negligente dando paso a la violencia. Esta violencia es patronal, es estatal y también es mapuche. Negar esto último sería absurdo: hay líderes mapuche que la reivindican de manera pública en los medios. Hasta libros se han publicado sobre ella. A los interesados e interesadas, recomiendo *Malón*, del historiador Fernando Pairicán. Allí sus orígenes, motivaciones y alcances.

El pueblo mapuche, en su amplio y variado repertorio de formas de protesta, no ha incorporado nunca el terrorismo como método de combate. Insistir con esa monserga —como lo hacen APRA y otros grupos de la extrema derecha sureña— no solo resulta inexacto, también de una brutal deshonestidad intelectual. Quienes intervienen en el debate público deben/debemos aprender a cultivar la sabiduría y la prudencia. También la ética intelectual. Vaya mi consejo para Ortúzar.

Koz Koz, una tierra con historia
Austral de Temuco, 4/abril/2021

En fechas recientes, diversos candidatos y candidatas mapuche a escaños reservados se dieron cita en Koz Koz, Panguipulli. Allí expusieron sus propuestas, debatieron y concordaron contenidos que buscarán llevar a la Convención Constitucional de resultar electos. El lugar elegido no fue casual: en la pampa de Koz Koz tuvo lugar en 1907 un histórico parlamento que reunió a centenares de lonkos y reducciones.

Aquella junta fue liderada por el lonko Manuel Curipangui Treulén, quien, se cuenta, mandó a quince werkenes (mensajeros) a recorrer a caballo "más de ochocientas leguas" para invitar a otros jefes desde el Atlántico al Pacífico. El motivo fue el creciente descontento mapuche ante los abusos de colonos chilenos y extranjeros, los "recién llegados", sumado al cómplice rol de las autoridades de gobierno.

Sabemos de esta junta gracias al testimonio de un inesperado testigo: el periodista Aurelio Díaz Meza, corresponsal de El Diario Ilustrado, quien viajó desde Santiago a cubrir el evento. Su historia no deja de ser curiosa.

Aurelio Díaz nació en Talca el 13 de abril de 1879. Hijo de un soldado de la Guerra del Pacífico que nunca regresó a casa, siendo adolescente fue internado por su madre en un seminario de padres capuchinos. Si bien su vocación religiosa no prosperó, allí aprendió latín e hizo amistad con importantes miembros de la orden. De uno de ellos, el padre Sigifredo de Frauenhäusl, recibiría la invitación para reportear en Koz Koz.

Sus crónicas fueron publicadas en tres tandas y provocaron gran impacto en la capital. En ellas, el periodista da cuenta del parlamento, de las delegaciones mapuche que asistieron —más de quinientos lonkos y dos mil participantes— y de la infinidad de atropellos que allí, durante dos días, expusieron los presentes. El propio Díaz Meza advierte a los lectores:

> Los que tengan paciencia para llegar hasta el final se horrorizarán con los actos verdaderamente salvajes cometidos por gente civilizada contra los indígenas. El gobierno y la sociedad chilena han oído hablar de estos

atropellos como quien oye llover. Ojalá que estas líneas, mal hilvanadas y escritas solo para dar a conocer someramente la situación actual de la raza araucana, tengan la suerte de ser tomadas en cuenta por nuestros hombres de gobierno.

En el valle de Koz Koz, siguiendo un riguroso protocolo de siglos, expusieron su palabra Curipangui, Carileu, Reucán, Naguilef, Cheuquehuala, Cheuquefilu, Catriel, Hueitra, Ayllapán, Huichalaf y Calfuhuala, entre otros lonkos. Sus exposiciones, acompañadas de múltiples afafan (vítores) por la multitud allí reunida, Díaz las describe como una "audiencia de horrores". Y una de las denuncias la hace el lonko Lorenzo Carileu:

> Ya hemos visto que para nosotros, los naturales, no hay justicia. Vamos a Valdivia, allá estamos diez, quince días, sin poder hablar con nadie porque todos dicen que somos cargosos. Y al último, cuando reclamamos, todo queda en nada en el juzgado. Nos piden testigos, llevamos los testigos, pagamos intérpretes, fuera de lo que hay que pagar al secretario y al último dicen que nuestros testigos no sirven. ¡Ni pagando encontramos justicia nosotros!

En el lapso de dos jornadas, los asistentes denuncian con nombre y apellido a los principales usurpadores de tierras y la impunidad vergonzosa que los favorece. Todo ello Díaz Meza lo registra con sorprendente ecuanimidad. No solo da cuenta de las denuncias; también, uno por uno, derriba los mitos racistas que en Santiago existían sobre los mapuche y sus costumbres.

"Durante todo el parlamento, con un número mayor de dos mil indios, no vi ningún borracho. ¡No hay tales!", escribe. "Los indios que se emborrachan son los que viven cerca de las tiendas que instalan los chilenos en tierras araucanas. Pero esos indios puede decirse que no se emborrachan; los emborrachan los civilizadores, las sociedades colonizadoras", comenta Díaz Meza. También da cuenta del orden y la disciplina de los mocetones, en su mayoría "vestidos con toda decencia", destacando a los jefes por "la limpieza de sus trajes, lujo de sus arreos y hermosura de sus caballos".

"Cuando llegamos al valle presentaba éste un golpe de vista soberbio. Todos los indios estaban montados, los sargentos cruzaban al galope el campo impartiendo las órdenes de los caciques para darnos la bienvenida y los trutruqueros continuaban impasibles sus toques cuando entramos a Koz Koz", relata. El aspecto general de aquella junta "no tenía nada de salvaje o de degenerado; era una reunión de ciudadanos que tenía mucho de imponente", escribe Díaz Meza.

"El error en que vive la sociedad chilena respecto a la verdadera condición del mapuche y la ignorancia general que existe en lo que a ellos se relaciona nos convence de que debemos cumplir nuestros deberes de periodistas sin escatimar sacrificios", concluye. ¿Quiere entender, lector, el reclamo de tierras que los mapuche enarbolan en diversos puntos de Wallmapu? Lea las memorias de este valiente periodista chileno. Entenderá quiénes son las víctimas y quiénes, los victimarios.

Caminar hacia un proceso de paz
Austral de Temuco, 11/abril/2021

La propuesta la hizo el senador Francisco Huenchumilla: recurrir a Naciones Unidas para acercar a todos los actores involucrados en el conflicto y encontrar un mínimo consenso para el diálogo y una posible mediación internacional. "Deberíamos recurrir a la ONU, pedirles que nos mande negociadores de alto nivel y puedan sentar a la mesa al Estado, los mapuche, agricultores y forestales", señaló el legislador.

Su llamado —que no es otra cosa que reivindicar la política como herramienta de resolución de conflictos— coincidió con una agudización del problema, el incremento de la violencia rural y un evidente descontrol gubernamental, el peor escenario en mucho tiempo a juicio de diversos analistas. Habría que poner atención a su idea.

El gobierno es tal vez el actor más deslegitimado de todos. Poco y nada pasó con el acuerdo nacional por La Araucanía convocado por el primer mandatario en febrero pasado. Pasa que los "acuerdos nacionales" se caracterizan por abordar temas sustanciales, lo contrario a lo propuesto por Sebastián Piñera en aquella cita: un acuerdo centrado exclusivamente en seguridad pública para reforzar el mismo camino represivo e ineficaz de siempre.

La contención policial del conflicto es un camino fracasado y plagado de chambonadas, como la salida del exdelegado para la Macrozona Sur, Cristián Barra, tras sus polémicas declaraciones a Reportajes de El Mercurio. En su reemplazo llegó el abogado Pablo Urquízar. "El primer objetivo es que la violencia sea condenada por todos los sectores políticos", agregó tajante en su primera entrevista pública.

Pues bien, la condena a la violencia —que algunos exigen con enfermiza obcecación— es probablemente la liturgia más improductiva e ingenua de todo el conflicto. Hoy por hoy, nada resuelve. Me consta que ni siquiera sirve como un mantra. Es menos útil que el propio "delegado presidencial", un cargo sin poder político real y con dudosas atribuciones, un verdadero perro verde en la administración del Estado.

Barra debió renunciar tras criticar el pasivo rol de las Fuerzas Armadas en Wallmapu. "Los militares no hacen caso y llegan con abogados a las reuniones", denunció molesto. Tras su destemplada queja era imposible no advertir el diagnóstico que los propios halcones de La Moneda hacen del conflicto y rol de las Fuerzas Armadas. Barra, créanme, también habló por ellos. Y es por eso que no cayó en desgracia: rápidamente se acomodó en otro cargo.

¿Qué hacer entonces? Hay estadistas como Huenchumilla que hace años proponen un abordaje político distinto, un sabio Plan B: acercar posiciones, gestar confianzas entre las partes, diálogo sin exclusiones y negociación para una salida política a la crisis que enfrentamos. Dicho de otro modo: un necesario proceso de paz y de reconciliación en las regiones del sur. Es un camino que de a poco gana adeptos.

"Alguien dijo: «Locura es hacer lo mismo una y otra vez esperando obtener resultados diferentes». La historia es generosa en ejemplos en los que líderes visionarios cambiaron de estrategia. Para la solución de los temas de fondo debiéramos buscar fórmulas fuera de la caja y, ante ello, ¿por qué no apostar al diálogo con todos los actores, que incluya a los que están por el camino de la violencia? ¿No fue así en otros conflictos?", se pregunta el general (r) Eduardo Aldunate Herman en reciente carta a La Tercera.

Aldunate, ex comandante militar de la Misión de Estabilización de las Naciones Unidas en Haití (MINUSTAH, por su acrónimo desde el francés), sabe de lo que habla. En sus periódicas cartas a los medios siempre subraya el abordaje político como el camino a seguir, desechando aventuras militaristas. "Lo ideal es solucionar el conflicto pacíficamente, mediante acuerdos razonables y justos que tiendan al bien común", subrayó hace poco. Integral y lúcida mirada la suya.

Otro que también sabe de lo que habla es el vocero de la Coordinadora Arauco-Malleco (CAM), Héctor Llaitul Carillanca, un actor político ineludible en toda esta trama.

"El señor Huenchumilla dijo algo que, a nuestro juicio, no fue una arrancada de tarros", señaló a CHV Noticias en días recientes. "Estamos dispuestos a buscar algún tipo de solución a este conflicto histórico con garantes u observadores en la línea de la ONU o algún organismo internacional de tipo imparcial, que nos dé garantías de hablar temas sustantivos como territorio y autonomía", agregó Llaitul.

Vuelvo a preguntar: ¿Acaso seguiremos haciendo lo mismo?

Gracias totales
Austral de Temuco, 23/mayo/2021

Esta es probablemente la columna más personal que he escrito y publicado en mucho tiempo. Trata, obviamente, de mi reciente experiencia como candidato constituyente en la región de Valparaíso, territorio donde disputé un cupo a la Convención Constitucional compitiendo como tantos en la elección general. No pudimos dar la sorpresa jugando de visita pero grandes constituyentes electos y electas sabrán representar allí a los votantes de este bello distrito costero.

Fue una de las preguntas recurrentes durante toda mi campaña electoral: ¿Por qué en la elección general y no en los escaños reservados indígenas? Y la otra: ¿Por qué Valparaíso y no la región de La Araucanía? Parto por la segunda.

Hace varios años, intentado huir de Santiago, optamos con mi familia por radicarnos en Viña del Mar, especie de segundo domicilio ya que nunca dejamos del todo de visitar y recorrer Wallmapu, nuestro querido y añorado país mapuche. Sin embargo, la pandemia y un justificado temor al contagio me obligaron a permanecer todo el 2020 confinado en la costa central, impidiendo así cualquier opción de candidatura en el sur. Digamos que el coronavirus metió la cola.

Aquella no fue por cierto la única razón. También se trató de una convicción respecto de la participación indígena en el proceso constituyente y allí la respuesta a la primera pregunta.

Siendo uno de los públicos promotores de los escaños reservados indígenas, desde un inicio defendí que fueran utilizados de manera preferente por legítimos representantes de las comunidades, es decir, líderes o lideresas con sólidos anclajes en sus territorios. Ello luego fue consagrado en la reforma constitucional que posibilitó la medida, básicamente en lo referido a la exigencia de patrocinios de comunidades y asociaciones para los futuros candidatos y candidatas.

Para nada me arrepiento de mi postura.

Todo lo contrario. Quienes hemos logrado figuración y tribuna pública –en mi caso como escritor y periodista en grandes medios–

no podemos suplantar el rol de los dirigentes y dirigentas de nuestros pueblos. Eran ellos, en primer lugar, los llamados a formar parte de la Convención Constitucional y honrar esa palabra empeñada me llena de tranquilidad.

Puestas así las cosas, competir en la elección general era para mí el único camino viable. Y así lo hicimos, en una tierra lejana que nos acogió con entusiasmo y genuino interés por las temáticas que logramos instalar en estos complejos meses de campaña: Estado plurinacional, coexistencia pacífica entre culturas, reformas estructurales al Estado (federalismo y parlamentarismo, ideas que abrazaré siempre), derechos de la naturaleza consagrados en la Constitución y el fin del modelo de desarrollo económico extractivista que amenaza no solo los territorios, también nuestra propia vida.

Fueron cientos de actividades, charlas, conversatorios, foro-debates, virtuales y presenciales, donde pudimos realizar tan necesaria y urgente pedagogía intercultural. Lo hicimos siempre desde el respeto al otro, incluso desde el cariño que reconozco sentir por la sociedad chilena y su gente, invitando al otro en vez de confrontarlo, tendiéndole la mano en vez de alejarlo con recriminaciones, pero a su vez firme en la defensa de nuestras demandas. Sucede que lo cortés (kumeche), decían nuestros antiguos, nunca debe quitarnos como mapuche lo valiente (newenche).

En este país chileno de la desmemoria "nuestra lucha es una lucha por ternura" escribió lúcidamente años atrás nuestro gran poeta y Premio Nacional de Literatura, Elicura Chihuailaf. También lo creo firmemente, nobles sentimientos impulsan nuestro bregar como pueblo frente al Estado y sus élites políticas y económicas: ternura por un territorio regado por la sangre de nuestros antepasados y por los seres que de mar a cordillera lo habitan; respeto por aquellas energías y fuerzas menospreciadas por el racionalismo occidental pero centrales en nuestro propio paradigma cultural.

De todo ello intentamos educar en la campaña.

Fueron meses de arduo trabajo, de recorrer comunas grandes y pequeñas, de visitar los cerros porteños y sus cabildos autoconvocados, bella y rebelde expresión de un pueblo chileno que también lucha y se organiza. Meses también de mucho escuchar. Conocer las historias de tantos, con sus anhelos de justicia y cambio social, me impactó profundamente. A todos ellos y ellas agradezco. Sepan que esos cinco mil votos logrados implican un gran compromiso de mi parte. "Síganos visitando después de las elecciones", me pidieron en uno y otro lado. Créanme que así lo haremos.

Cierro felicitando a los diecisiete constituyentes indígenas, llena de orgullo que hombres y mujeres de nuestros pueblos puedan hoy ser protagonistas de este momento histórico para Chile. Abrigábamos con mi equipo la secreta esperanza de sumar un nuevo constituyente mapuche a esta verdadera bancada de las primeras naciones. No se pudo. Pero no crean que uno se retira o se va para la casa. Allí también estaremos, apoyando y asesorando en la Convención a quienes busquen construir una ruca grande donde por fin quepamos todos y todas. En esa lucha siempre nos encontraremos.

Glosario

Aliwen: Árbol.
Azkintuwe: Mirador, lugar para observar.
Az Mapu: Normas de un territorio, consuetudinarias.
Az Mongen: Normas para la vida, costumbres.
Chachay: Forma respetuosa de referirse a un hombre adulto.
Chalin: Saludo, saludar.
Chaltu may: Muchas gracias.
Chaw: Padre.
Che: Gente, persona, ser humano.
Chemamüll: Persona de madera, tótem funerario.
Cura: Piedra.
Eltun: Cementerio.
Epew: Cuento, relato, fábula.
Fachiantu: Hoy.
Feley: Así es, está bien.
Feyentun: Creencia.
Füta Malón: Gran ataque, levantamiento.
Fütamapu: Gran territorio.
Füta Trawün: Gran junta, gran reunión.
Futawillimapu: Gran territorio del sur.
Gulumapu: Tierra húmeda, nombre que recibe el país mapuche occidental (Chile).
Inan lonko: Capitanejo, subalterno del lonko.
Kako: Mote, trigo cocido en agua y ceniza.

Kalku: Brujo.
Kamaruko: Ceremonia ritual.
Kawello: Caballo.
Kelluwün: Apoyo mutuo, ayudarse.
Kimche: Persona sabia.
Kimelfe: Profesor, quien enseña a otros.
Kizungünewün: Hacer las cosas libremente, ser independiente.
Kofke: Pan.
Koila: Mentira.
Kona: Servidor, cooperador, persona servicial.
Koyag: Parlamento.
Koyagtu: Acuerdo.
Koyagtun: Parlamentar.
Külliñ: Animal, forma de pago o dinero.
Kupalme: Linaje de una persona, procedencia familiar.
Lamngen: Hermano (masc.); hermano y hermana (fem.).
Lelfun: Pampa.
Lof: Territorio.
Lonko: Cabeza, jefe de un clan familiar.
Machi: Autoridad tradicional, religiosa y medicinal.
Makuñ: Manta, poncho, textil mapuche.
Malen: Mujer joven, adolescente.
Mapu: Tierra.
Mapuzugun: El habla de la tierra, lengua del pueblo mapuche.
Mari mari lamngen: Buenos días hermana.
Mari mari peñi: Buenos días hermano.
Matetun: Tomar mate, matear.
Mawün: Lluvia.
Meliñe: Cuatro ojos.
Melipulli: Cuatro espíritus, antiguo nombre de Puerto Montt.
Meli Witran Mapu: Los cuatro puntos de la Tierra.

Muday: Bebida mapuche a base de trigo cocido, sin alcohol.

Nagmapu: La tierra que caminamos.

Nampulkafe: El que viaja a otras tierras lejanas.

Newen: Fuerza, poder.

Nütram: Charla breve, conversación.

Ñaña: Forma respetuosa para referirse a una mujer.

Ñizol: Jefe principal de un territorio.

Ñuke: Madre.

Papay: Forma respetuosa de referirse a una mujer mayor.

Petu Mongueleiñ: Aún estamos vivos.

Pewén: Araucaria araucana, árbol de la zona cordillerana.

Pichikeche: Personas pequeñas, niños/as.

Puelmapu: Donde termina la tierra, nombre que recibe el país mapuche oriental (Argentina).

Pulko: Vino.

Queo o Queupu: Pedernal de mando.

Rakizuam: Pensamiento.

Rewe: Altar de la machi, tótem de madera escalonado.

Rokiñ: Comida para llevar.

Rutrafe: Orfebre.

Tayül: Canto ceremonial.

Toki: Principal jefe militar.

Trafkintu: Intercambio, similar a la voz trueque del quechua.

Trawün: Junta, reunión.

Treng-Treng y Kai Kai: Las serpientes de la tierra y el mar, según la mitología mapuche. Hacen referencia a las placas Continental y de Nazca, y su eterna lucha.

Tuwün: Procedencia geográfica de una persona o su linaje.

Uficha: oveja.

Ülmén: cacique(s), hombre rico.

Wallmapu: El país mapuche.

Wallmapuwen: Los habitantes del país mapuche, compatriotas.

Warriache: Gente de la ciudad.

Weichafe: Guerrero.

Weichán: Guerra.

Wekufe: Fuerza maligna.

Wentru: Hombre, macho.

Wenufoye: Bandera mapuche.

Wenumapu: El cosmos, la tierra de arriba.

Weñefe: Ladrón.

Werkén: Mensajero.

Weupife: Historiador, quien relata los acontecimientos.

Weupín: Discurso político.

Winka: Extranjero.

Winka kutrán: Enfermedad extranjera, de otra tierra.

Wüñelfe: Planeta Venus, el lucero del amanecer.

Manufactured by Amazon.ca
Bolton, ON